Edith Weber-Halter
Praxishandbuch Case Management

Verlag Hans Huber
Programmbereich Pflege

Bücher aus verwandten Sachgebieten

Pflegemanagement

Baartmans/Geng
Qualität nach Maß
2., vollst. überarb. u. erw. Auflage
2006. ISBN 978-3-456-84319-3

Darley (Hrsg.)
Kommunikationsmanagement
2006. ISBN 978-3-456-84079-6

Diegmann-Hornig/Jurgschat-Geer/Beine/Neufeld
Pflegebegutachtung
Lehrbuch für Sachverständige und Gutachter in der Pflege
2009. ISBN 978-3-456-84000-0

Ewers/Schaeffer (Hrsg.)
Case Management in Theorie und Praxis
2., erg. Auflage
2005. ISBN 978-3-456-84272-1

Gebert/Kneubühler
Qualitätsbeurteilung und Evaluation der Qualitätssicherung in Pflegeheimen
2., überarb. u. erg. Auflage
2003. ISBN 978-3-456-83934-9

Güttler/Schoska/Görres (Hrsg.)
Pflegedokumentation mit IT-Systemen
2010. ISBN 978-3-456-84800-6

Haubrock/Schär (Hrsg.)
Betriebswirtschaft und Management in der Gesundheitswirtschaft
5., vollst. überarb. und erw. Auflage
2009. ISBN 978-3-456-84664-4

Heering (Hrsg.)
Das Pflegevisiten-Buch
2. Auflage
2006. ISBN 978-3-456-84301-8

Herrmann/Kätker
Diversity Management
Organisationale Vielfalt im Pflege- und Gesundheitsbereich erkennen und nutzen
2007. ISBN 978-3-456-84419-0

JCAHO (Hrsg.)
Ergebnismessung in der Pflegepraxis
2002. ISBN 978-3-456-83826-7

Johnson (Hrsg.)
Interdisziplinäre Versorgungspfade
2002. ISBN 978-3-456-83315-6

Kelly-Heidenthal/Marthaler
Pflege delegieren
2008. ISBN 978-3-456-84637-8

Leppert
Fast-Track-Therapie
2010. ISBN 978-3-456-83808-2

Leuzinger/Luterbacher
Mitarbeiterführung im Krankenhaus
3. Auflage
2000. ISBN 978-3-456-83434-4

Loffing
Coaching in der Pflege
2003. ISBN 978-3-456-83841-0

Loffing/Geise (Hrsg.)
Management und Betriebswirtschaft in der ambulanten und stationären Altenpflege
2., vollst. überarb. u. erw. Auflage
2010. ISBN 978-3-456-84662-0

London
Informieren, Schulen, Beraten
Praxishandbuch zur Patientenedukation
2., durchges. u. erg. Auflage
2010. ISBN 978-3-456-84772-6

Malk/Kampmann/Indra (Hrsg.)
DRG-Handbuch Schweiz
Grundlagen, Anwendungen, Auswirkungen
2006. ISBN 978-3-456-84280-6

Mischo-Kelling/Schütz-Pazzini (Hrsg.)
Primäre Pflege in Theorie und Praxis
2007. ISBN 978-3-456-84322-3

Poser/Schlüter
Mediation für Pflege- und Gesundheitsberufe
2005. ISBN 978-3-456-84248-6

Poser/Schneider (Hrsg.)
Leiten, Lehren und Beraten
Fallorientiertes Lehr- und Arbeitsbuch für Pflegemanager und Pflegepädagogen
2005. ISBN 978-3-456-84207-3

Poser
Netzwerkbildung und Networking in der Pflege
2008. ISBN 978-3-456-84456-5

Wiedenhöfer/Eckl/Heller/Frick
Entlassungsmanagement
2010. ISBN 978-3-456-84897-6

Zapp (Hrsg.)
Controlling in der Pflege
2004. ISBN 978-3-456-83846-5

Edith Weber-Halter

Praxishandbuch Case Management

Professioneller Versorgungsprozess ohne Triage

Verlag Hans Huber

Edith Weber-Halter, Case Managerin FH, diplomierte Gesundheitsschwester, Bern
Fachstelle Prävention und Chancen Management
Steinerstrasse 24
CH-3006 Bern
info@chancen-management.ch
www.chancen-management.ch

Lektorat: Jürgen Georg, Dr. Diana Staudacher, Dr. Susanne Lauri
Bearbeitung: Seidel – Lektorat & Text, CH-Bern
Herstellung: Peter E. Wüthrich
Titelillustration: pinx. Design-Büro, Wiesbaden
Umschlag: Claude Borer, Basel
Druckvorstufe: Claudia Wild, Konstanz
Druck und buchbinderische Verarbeitung: Hubert & Co., Göttingen
Printed in Germany

Bibliografische Information der Deutschen Nationalbibliothek
Die Deutsche Nationalbibliothek verzeichnet diese Publikation in der Deutschen Nationalbibliografie; detaillierte bibliografische Angaben sind im Internet über http://dnb.d-nb.de abrufbar.

Anregungen und Zuschriften bitte an:
Verlag Hans Huber
Lektorat: Pflege
z. Hd.: Jürgen Georg
Länggass-Strasse 76
CH-3000 Bern 9
Tel: 0041 (0)31 300 4500
Fax: 0041 (0)31 300 4593
juergen.georg@hanshuber.com
www.verlag-hanshuber.com

1. Auflage 2011

(E-Book-ISBN 978-3-456-94969-7)
ISBN 978-3-456-84969-0

Inhaltsverzeichnis

Widmung

«Entwicklung entsteht durch neue Ideen.»

Den Damen Conny Bayard und Maya Lehmann gewidmet. Beide leben mit den Folgen von Hirnverletzungen. Sie kämpfen mutig gegen die widrigen Auswirkungen ihrer chronischen Erkrankungen. Ein sie entlastendes CM ist ihnen heute noch verwehrt.

Danksagung

> «An erster Stelle steht die Loyalität und das müssen wir beachten, auch wenn der Himmel einstürzt. Berechnung und Verträge kommen stets später.»
> *Mark Rowlands, britischer Schriftsteller und Professor für Philosophie (*1962) (Rowlands, 2010: 161)*

Mein herzlicher Dank gilt meiner Lektorin Frau Barbara Seidel, Bern. Sie überzeugte mich sofort, das ursprünglich beendete Manuskript neu zu verfassen und lotste mich zum vorliegenden Buch.

Allen Gesprächspartnern und Probeleserinnen danke ich aufrichtig für ihre Ideen und Kritik. Mutig verschafften sie mir zudem Einblicke in CM-Welten und in die gelebten Werte der gängigen CM-Praxis, was mir sonst verschlossen geblieben wäre. Ihrem Engagement für Case Management und ihrer Offenheit in den Diskussionen ist es zu verdanken, dass das Buch für eine sinnvolle Anwendung und Weiterentwicklung von CM eintritt.

Mit der Buchentstehung war es wie in einem CM-Prozess: Teamarbeit und ich als Case Managerin. Die Idee, ich solle doch ein Buch über CM schreiben sowie etliche Arbeiten – Graphiken, Darstellung der CM-Modelle, Suche nach Literatur, Netzwerkmitarbeit – sind der Phantasie und Schaffenskraft vieler Wegbereiter für dieses Buch zu verdanken. Ohne Berechnung auf eigene Vorteile fühlten sie sich wohlwollend der grossartigen CM-Idee verpflichtet und stellten ihre Energie fürs Buch zur Verfügung. Ihnen allen danke ich.

Vorbemerkungen

CM steht für Case Management.
Im Buch wird vorwiegend die weibliche Form für die ausübende Berufsfunktion benutzt (Case Managerin). Denn die Mehrheit der Personen, die sich in der Schweiz darin weiterbilden lassen, ist weiblich und eine geschlechtsneutrale Bezeichnung gibt es noch nicht. Natürlich sind aber auch alle männlichen Case Manager gemeint.

Für bessere Lesbarkeit verfahre ich ähnlich mit anderen Personenbezeichnungen. Je nachdem verwende ich die männliche oder die weibliche Form.

Geleitwort

Die eidgenössischen Sozialversicherungswerke wie AHV, IV, KVG, Arbeitslosenversicherung sind je einzeln pragmatisch geschaffen und weiterentwickelt worden. Die Grenzen zwischen Bundeskompetenzen und kantonalen Zuständigkeiten wurden im Laufe der Zeit verschoben, sie ergänzen und überschneiden sich. Die Aufgaben und Rollen des Einzelnen, von gemeinnützigen und kommerziellen Organisationen sowie der Gemeinwesen aller Stufen sind ebenfalls vielfältig miteinander verflochten und in steter Bewegung. Je nach Sozialversicherungszweig kommen die Versicherungen enger oder breiter formulierten Verantwortlichkeiten nach. Im Unfallversicherungsbereich sind sie nicht nur für die Heilungskosten und die Rehabilitation, sondern auch für Einkommensausfälle und allfällige Renten zuständig, während im Krankenversicherungsbereich die Heilungskosten im Zentrum stehen. In beiden Bereichen treffen zudem arbeitsvertragliche Pflichten mit Sozialversicherungsregelungen zusammen. So kann (fast) Gleiches für die betroffenen Menschen zu sehr ungleichen Ergebnissen führen, sie können im sprichwörtlichen Sinne zwischen Stuhl und Bank fallen.

Hier kann und soll Case Management als klientenorientierter professioneller Prozess Abhilfe schaffen. Case Management ist deshalb mitunter unbequem. Es überschreitet von seinem Wesen her institutionelle Grenzen und die «Logik» der unterschiedlichen Leistungsfinanzierungs- und Tarifsysteme und stellt damit die einzelbetriebsbezogene «culture du courant normal» («Mainstream-Kultur») in Frage. Nicht nur die Klienten können zwischen Stuhl und Bank fallen, ein Gleiches gilt für das Case Management selber, dessen Finanzierung vielerorts nicht gesichert ist. Als «Kollektivgut» nützt es vielen, auch den Trittbrettfahrern unter Sozialversicherungswerken, Unternehmen und Behörden, die nichts zu seiner Finanzierung beitragen.

Ich wünsche dem vorliegenden Werk eine gute Aufnahme nicht nur im Büchermarkt, sondern in erster Linie durch die Umsetzung der darin vertretenen Grundhaltung und seinen konkreten, auf den vielfältigen Erfahrungen der Autorin beruhenden Handlungshinweisen zur sinnvollen, wirtschaftlichen Problemlösung bei Menschen in komplexen Situationen und bei allen Prozessbeteiligten.

Dr. Heinz Locher, Berater im Gesundheitswesen, Bern

1 Vorwort

«Von anderer Leut' Leder ist gut Riemen schneiden.»
Altes Kürschner-Sprichwort

Eine Geschichte aus dem richtigen Leben zum Anfang

Winter 2010, Vorstellungsgespräch in einem öffentlichen Schweizer Spital. Gesucht wird eine Case Managerin, welche das System der Fallkostenpauschale (Swiss DRG) umsetzen soll. Vor dem Chefarztbüro warten die Bewerberin, die Pflegedienstleiterin und der Oberarzt.

Die Bewerberin steht unmittelbar vor dem Oberarzt: «Guten Tag».

Er wendet sich wortlos ab und geht telefonieren.

Die Pflegedienstleiterin schaut besorgt auf die Uhr. «Wir haben schon etliche Verspätung auf dem Zeitplan …»

«Sind alle da?», ruft in gereiztem Ton der Chefarzt aus seinem Büro.

«Ja».

Die Bewerberin betritt als letzte den grosszügigen Raum.

«Die Bewerberin will ich nicht. Die soll rausgehen!», knurrt der Chef, von dem nur der Rücken zu sehen ist.

Nach weiteren zehn Minuten Warten auf dem Gang wird die Bewerberin nun vorgelassen.

Der Oberarzt blättert im Bewerbungsdossier.
«Sie waren tätig in …? Uh, in der kantonalen Gesundheitsdirektion?! Wie kamen Sie dazu? Womit haben Sie sich denn beschäftigt?!»

Er hört gar nicht zu, als die Bewerberin antwortet.
«Wo sehen Sie bei uns die grössten Einsparpotentiale?»

«In einer optimalen Prozesssteuerung, angefangen beim …»

«Dass wir uns gleich verstehen», unterbricht der Chefarzt. Dabei beugt er sich vor und spricht betont deutlich und langsam, wie zu einem Kind: «Bei dieser Stelle geht es nur ums Rechnen, verstehen Sie? Um Zahlen. Und um die Prozessoptimierung. Für uns, für unser Spital». Nach einer kurzen Pause: «Es geht uns nicht ums Sparen für den Staat und schon gar nicht für die kantonale Gesundheitsdirektion. Denen schenken wir keinen Fünfer! Es geht nur um uns.» Er gibt dem Oberarzt das Zeichen, fortzufahren.

«Nochmals, wo sehen Sie in unserem Spital das grösste Einsparpotenzial? »

«Wie bringen sie die Anästhesie- und Operationskosten runter?!», fährt der Chef erneut dazwischen.

«Durch …»

Auch er hört nicht zu. Er winkt ab.
«Was verstehen Sie von IT? Mit welchem Programm haben Sie die Statistiken ausgewertet?» – «Wie? Ohne Computerprogramm?!»

«Aber die Anästhesie- und Operationskosten sind gar nicht die teuersten Posten», sagt die Case Managerin. «Schauen Sie, hier, der Posten mit den Arzneimitteln und den Blutersatzprodukten, der ist um das x-fache höher …»

Die drei schauen sich verdutzt an: «Au ja, stimmt, haben wir gar nicht realisiert.» «Nochmals! Wie bringen Sie die Anästhesie- und Operationskosten runter?!», wiederholt der Chefarzt.

Jetzt oder nie, die Bewerberin legt los: «Nun, wenn Sie so fragen … Die radikalste Art, Kosten einzusparen, ist, indem man Tabus angeht. Als Nebeneffekt spart es automatisch Kosten ein und …»

«Was?!»

«Ich weiss, es tönt unglaublich. Aber indem man bei den Tabus ansetzt und dort, wo eine Operation den Patienten mehr belastet, als dass sie ihm Lebensqualität erbringt, überprüft man im Team die Operationsindikation. Der Patient gehört ebenfalls ins Team, man bespricht das im beratenden Gespräch auch mit ihm. Wenn zudem der Eingriff nur unter Zeitdruck des gestressten Personals stattfindet und weil niemand die Frage zu stellen wagt, ob die Operation denn überhaupt sinnvoll sei, wo doch alle Beteiligten sehen, dass es offenkundig aussichtslos ist, so können Sie bei den Anästhesie- und Operationskosten sehr viel Geld einsparen.»

Die Pflegedienstleiterin nickt diskret als Zeichen der Anerkennung, der Oberarzt schaut irritiert zur Bewerberin und der Chefarzt fährt energisch mit der Hand einmal durch die Luft, als ob er eine lästige Fliege verscheucht. Er murmelt: «So ein absurder Vorschlag!»

Dann laut, wie ein Pistolenschuss: «Es kommt uns nicht im Traum in den Sinn, jede Operationsindikation zu überprüfen!»

Die Stille ist kaum auszuhalten. Der Oberarzt doppelt nach: «Finden Sie es gut, dass unsere Patienten früher nach Hause gehen?»

«Klar, ihr Spital spart seit der Einführung der Fallkostenpauschale bereits knappe zwei Tage Spitalaufenthalte und ...»

«Finden Sie das gut?!»

Die Bewerberin denkt: ‹Ich weiss schon, was ich sagen müsste, um in die engere Wahl zu kommen, aber das ist nicht im Sinne eines ganzheitlichen CM›. Nun spricht auch sie sehr schnell: «Ja, sehr gut. Erstens entspricht es dem allgemeinen Patientenwunsch. Wenn es gesundheitlich und pflegerisch verantwortbar ist, unterstütze ich dies nach Kräften. Allerdings muss vorgängig der Übergang umfassend geplant sein, sonst landen die Patienten im Nu wieder im Spital. Und das kostet. Zweitens senken kürzere Spitalaufenthalte die Gefahr des Hospitalismus. Und drittens sparen Sie CHF 1489,– pro Spitaltag ein, das macht in zwei Tagen bereits CHF 2978,–. Bedenken Sie: eine Menge Geld! Dieses kann man draussen für die anderen Leistungserbringer einsetzen, die werden das kaum ausschöpfen und ...»

«Ooh, so viel? Wussten wir gar nicht, dass wir so viel kosten», amüsiert nicken sie einander zu. Der Chefarzt: Wir funktionieren aber haargenau wie in der Privatwirtschaft. Das ist heute so, das muss die künftige Case Managerin ohne Wenn und Aber umsetzen. Dafür ist die da. Mit den Patienten hat die Case Managerin rein gar nichts zu tun. Haben Sie wirklich begriffen, worum es uns geht? Wir suchen die beste Case Managerin. Symbolisch gesprochen eine, die die beste Slamlomfahrerin ist, die kein einziges Tor auslässt, die am schnellsten durchs Ziel gleitet! Wir müssen zu uns schauen. Uns schenkt man nichts, im Gegenteil! Ungefragt schickt man uns alle, alle Patienten, rund um die Uhr, vor allem die, die die Privatspitäler nicht wollen. Die landen dann bei uns. Und das sind nicht die Angenehmsten ...»

«Oh nein, wirklich nicht!», pflichtet die Pflegedienstleiterin eifrig bei. Sie strahlt den Chef an: «Alle landen sie bei uns ...»

Ja, ja, die Alten, die Süchtigen, die Ausländer, die Mühsamen, die Chronischkranken und die Psychischkranken, die Sterbenden, kurz, die Unattraktiven, jene, die so viel kosten und nichts einbringen, weil sie nur allgemein versichert sind, denkt die Bewerberin.

«Wo erblicken Sie Sparpotenzial?»

Die Bewerberin gibt sich einen Ruck: «Ich wiederhole: bei der rechtzeitigen Entlassung aus dem Spital, die beginnt allerdings beim Eintritt und führt über die Planung. Auch und vor allem bei den Patienten, die über die Notfallstation eintreten, das sind laut Statistik in ihrem Spital immerhin 48 %. Und in einer optimalen Versorgungsqualität während der Hospitalisation sowie der Nachbetreuung seitens Spital-Case-Managerin während einer gewissen Zeit zu Hause. Nur die Leistungen organisieren und zu steuern reicht erfahrungsgemäss nicht, die Umsetzung muss kontrolliert werden. Eine qualitativ hochstehende Versorgung spart als Nebeneffekt automatisch Kosten ein und …»

Der Chefarzt unterbricht belehrend: «Sie, die mit ihren sozial-, therapeutisch-beratenden Ansätzen mit den Patienten arbeiten und dabei noch für die andern sparen, haben nicht begriffen, dass heute auch im Gesundheitswesen die Uhren der Privatwirtschaft ticken. Dass der Spitaldirektor alljährlich die hohle Hand machen darf und erhält, was er für sein Spital wünscht, das galt noch für gestern. Die Zeiten haben sich eben geändert!»

Die Pflegedienstleiterin nickt leise lächelnd, legt den Kopf etwas schief: «Tja, das ist heute so.»

Die Bewerberin verabschiedet sich freundlich. Zur Pflegedienstleiterin, die sie nach draussen begleiten will: «Danke, ich finde den Ausgang. Ich kenne Ihr Spital aus früherer Tätigkeit bestens» und für sich: Kaum zu glauben, dass wir etwa zur selben Zeit an derselben Krankenschwesternschule denselben Ethikunterricht besucht haben sollen.

Als die Case Managerin energischen Schrittes das Spital verlässt, schneit es dicke Flocken. Der Boden ist schon ganz bedeckt. Der Schnee erinnert sie an die weissen Leintücher, die sie als Schwesternschülerin über die Verstorbenen legen musste, bevor sie in den Lift geschoben wurden, um Vorbeikommenden den Anblick des Todes zu ersparen.

Das ist genau die Einstellung, die Kostensenkungen erfolgreich verhindert, sinnt sie, während sie auf der glitschigen Pracht herumrutscht. Ein Interview in einer Fachzeitschrift fällt ihr ein, das sie zwei Tage zuvor gelesen hatte. Die interviewte Fachperson äusserte die Überzeugung, dass DRG nur einseitig den stationären Bereich betrachte. Ausgehend vom Netzwerk müsse man aber den Prozess gesamthaft anschauen – von der Arztpraxis über das Spital bis hin zur postakuten Versorgung. Er hoffe, dass künftig über Entschädigungssysteme diskutiert würde, die den gesamten Patientenpfad im Auge behalten würden. Zum Schluss bemerkt er noch, dass in jedem Fall für jedes Modell irgendjemand bezahlen müsse. Wenn noch mehr Geld in das Gesundheitssystem fliesse, werde es an einem andern Ort, zum Beispiel im Bildungssystem, fehlen. Und da stelle sich für ihn auch als Bürger die Frage, ob diese Umschichtung von Finanzen vertretbar sei.

Zufälligerweise hat diese Aussage der ärztliche Direktor eben jenes Spitals gemacht, das die Case Managerin gerade verlassen hatte. Öffentlich Wasser predigen und tatsächlich Wein trinken?

Warum ich dieses Buch schrieb

In der Praxis unseres Gesundheitssystems wird die Kuh gemolken, bis sie blutet. Dies hat bis heute erfolgreich jede Kostensenkung verhindert, auch im und um das CM (Case Management). Menschen mit dieser Haltung sind mir haufenweise begegnet während meiner jahrelangen Tätigkeit als Pflegefachperson, später dann als Case Managerin: Patienten/Klienten, bei Versicherern, in Arztpraxen, Spitälern, Sozialdiensten und Heimen, bei ambulanten Pflegeorganisationen, als Politiker oder Verantwortliche in Weiterbildungsstätten. Sie alle bemängelten Rahmenbedingungen, forderten Anreize, sahen mangelnde Verantwortung, beklagten das System oder schimpften auf die Politik. Schuld waren immer «die anderen». Frustriert resignierten sie und kümmerten sich fortan umso verbissener um ihre eigenen Interessen.

CM sollte die grosse Rettung bringen für ausufernde Kosten, überforderte Sozialarbeiterinnen, Ärzte und Pflegende, hilflose Patienten und wachsende Versicherungskosten. In der Theorie ist CM grossartig und löst alle Probleme mit Leichtigkeit. In der Praxis? Schwindende Ressourcen haben dazu geführt, dass im CM potenzielle Klienten nicht dem Verfahren zugeführt werden, wenn kein «return of investment» erfolgt. Dies bedeutet: Wenn keine Aussicht besteht, dass die entstehenden Kosten bald wieder eingespielt werden, erhalten die Bedürftigen kein CM. Sie werden aussortiert oder wie es in der Branche heisst: «austriagiert». CM soll also nichts anderes sein als schöne Parolen, die die irrwitzige Realität des Systems nur hübsch verkleiden? Im CM dominieren zu oft persönliche Interessen, Gärtchendenken, betriebswirtschaftliche Kennzahlen oder Machtansprüche. Von einer moralischen Verpflichtung der Verantwortlichen konnte auch schon «früher» nicht die Rede sein. Insofern ist heute Gesundheit oder CM ein «business» wie andere auch. Woran liegt das? Wen man auch fragt, jeder fürchtet finanzielle Einbussen oder Qualitätsverlust wegen der Sparmassnahmen im Gesundheits-, Sozial- und Versicherungssystem. Aber zu sparen ist niemand bereit. Nicht bei sich und nicht zuerst. Obwohl allen klar ist: Die finanziellen Ressourcen sind nicht unendlich, aber die Anforderungen werden weiter wachsen. Stattdessen hofft man auf CM als Allheilmittel.

Seit ich als freiberufliche Case Managerin (FH) im Gesundheitswesen arbeite, bin ich täglich mit der Bedeutung der Verbindung von kluger Bewirtschaftung knapper Mittel mit einer gerechteren Mittelverteilung konfrontiert und mit der Frage: Was soll mit den austriagierten CM-Klienten geschehen?

Ursprünglich stamme ich aus der Pflege und lernte, dass jedes Menschenleben gleich wertvoll ist. Dies habe ich mir bis heute als Haltung bewahrt, nicht aus Altruismus, auch nicht aus einer religiösen oder politischen Haltung heraus (ich gehöre weder einer Religion noch einer politischen Partei an). Während über dreissig Berufsjahren lernte ich: Realitätsbezug aktiviert. Im CM wie im Leben brauchen wir realistische Lösungen.

Seit Jahren arbeite ich mit aussortierten CM-Bedürftigen. Bis sie bei mir landen, hat sich ihre schwierige Situation weiter zugespitzt. Parallel dazu vervielfachten sich die Kosten ihrer Probleme. Ihre Not und der Ressourcenschwund verlangten dringend nach umsetzbaren Lösungen. Wie Gewinn, Wirtschaftswachstum (aber das ist eine volkswirtschaftliche Kategorie), gerechtere Mittelverteilung und ein sinnvolles Leben trotz der Endlichkeit der Mittel und des Lebens miteinander ins Gleichgewicht gebracht werden können, lernte ich in keiner Aus- oder Weiterbildung. Ethik fand bestenfalls in den Lehrbüchern und im Unterricht statt, selten gab es menschliche Vorbilder in der Praxis. Also suchte ich in Gesprächen mit Menschen aus Versicherungen, Spitälern, Heimen, Sozialdiensten und aus der Politik sowie mit Betroffenen nach gangbaren Wegen und arbeitete ein CM-Modell ohne Triage aus. Dieses passte ich laufend der Realität an. Ich setze es inzwischen seit Jahren ein. Es bewährt sich im Umgang mit den konkurrierenden Interessen in unserem Sozial-, Gesundheits- und Versicherungssystem. Das CM-Modell ohne Triage lehre ich als Dozentin für CM an zwei Fachhochschulen. Bis heute erlebe ich, wie ein langfristiger Mitteleinsatz Versicherer und die Gesellschaft wirtschaftlich entlastet.

Will man mittels CM wirklich nicht nur die eigenen Ressourcen schonen bzw. allein eine Kostenreduzierung für den eigenen «Laden» erreichen, kommt man nicht um die ernsthafte Diskussion über Werte, Tabus und gesellschaftliche Verantwortung auf allen Ebenen herum. Um langfristig die Ausgaben zu senken, braucht es mehr als optimale Zugangsführung, ökonomische Triage, totale Bedarfs- und Ressourcenprüfung, adressatenorientierte Fallsteuerung, optimale betriebliche CM-Verankerung, schneidige CM-Marketing-Konzepte oder politische Versorgungsplanung. Auch die qualitätssichernde Zertifizierung von Case Management-Anbietern hilft nicht weiter. All dies sind bewährte, betriebswirtschaftliche Methoden. CM ist mehr als das. Zunächst sollten wir uns fragen: Was ist CM? Für wen ist CM? In welchem gesellschaftlichen Kontext bewegt sich dieses CM? Was soll CM leisten? Was kann CM nicht leisten? Dann können wir uns über die Details unterhalten.

Aber diese Grundsatzdiskussion rührt an ganz andere Fragen, bei denen es um das Selbstverständnis unserer Gesellschaft geht. Um Fragen wie: Wie viel Medizin ist für Hochbetagte sinnvoll? Was darf sie kosten? Wer soll ihre Betreuung finanzieren? Wie viel Pflege, Behandlungen und berufliche Rehabilitation erhalten Einkommensschwache? Wie viel kann man sparen, ohne dass Qualität leidet oder die Mitarbeiter davonrennen? Woher kommen in 30 Jahren Ärzte und Pflegende für unsere überalterte Gesellschaft? Was ist der Sinn des Lebens? Das sind die «grossen Fragen».

Aber es gibt auch die «Kleinen». Steht eine bestimmte Diagnose in einem Patientendossier, dann erkenne ich aufgrund meiner langjährigen Erfahrung als ehemalige Spital- und Pflegefachfrau im ambulanten Bereich, dass es um noch anderes geht, als um die Erkrankung: Der Patient kämpft nicht nur gegen die Krankheit, gegen sein Leiden, sondern er kämpft auch gegen die Hilflosigkeit im System, in dem er jetzt steckt. So wie auch alle anderen Beteiligten in den verschiedenen Institutionen die Grenzen dieses riesigen Gesundheitssystems und ihre zunehmende Ratlosigkeit zu überwinden versuchen. Neben Schmerzen, Machtlosigkeit, Therapien des Betroffenen geht es um viele Kommunikationsprobleme und um Eigeninteressen im System. Ich mache den Vorgesetzten meiner Kolleginnen und Kollegen in den Versicherungen und Sozialdiensten keinen Vorwurf, dass sie Patienten als Klienten behandeln und oft überfordern. Wer eine andere Grundausbildung und einen andern beruflichen Werdegang durchläuft, hat automatisch einen entsprechend geprägten Blickwinkel. Aber dieser wirtschaftlich versicherungs- und verwaltungstechnische Blickwinkel darf nicht der einzige bleiben, unter dem CM gesehen und angewendet wird.

Meine Erfahrung ist: Ein sinnvolles CM ist human und wirtschaftlich verantwortbar. Die Not von Klienten, die aus betriebswirtschaftlich kurzfristigen Zielen kein CM erhalten, und die gleichzeitig schwindenden finanziellen Ressourcen der Gesellschaft fordern geradezu zu Stellungnahmen, Handlungen und Gegensteuer auf.

Dieses Buch handelt von CM, das den Praxistest nicht scheuen muss. Von CM, das mittels eines angepassten Modells bei jeder Ausgangslage umsetzbar ist, Kosten senkt und Menschen hilft. Das Modell verhindert die einseitige Bevorzugung und finanzielle Entlastung einer einzelnen Gruppe oder Institution in der Gesundheitskette, seien es Patienten, Sozialdienst, Versicherung, Hausarzt, Spital, Heim oder ambulante Pflege. Es stellt Fragen nach dem Sinn, nach der Endlichkeit der Ressourcen und des Lebens und handelt davon, wie unnötige Kosten dort vermieden werden, wo sie entstehen. Das kann mal an dieser oder jener oder einer anderen Stelle sein. Ich schone niemanden, auch die Patienten nicht, die selbstbezogene Erwartungen haben. Gärtchendenken verursacht unnötige Kosten, das ist in jeder Branche so. Vielleicht kann die unsere nicht nur verbal mit ein wenig Solidarität aufwarten. CM ist nicht das Allheilmittel. Falls also die Teilnehmer des oben geschilderten Bewerbungsgespräches an besagtem Schweizer Spital oder andere Personen mein Buch in den Händen halten sollten, möchte ich sie bitten über Folgendes nachzudenken: Man kann alles richtig machen und doch völlig falsch liegen. Langfristig ist nur erfolgreich, wer auf gesundes Wachstum setzt.

Besonders freuen würde es mich, wenn dieses Buch zur Diskussion und zum Widerspruch herausfordert. Ich bitte alle Vorgesetzten der Versicherungsangestellten und Sozialarbeiterinnen, die Spitalkostenverantwortlichen, Pflegedienstleiterinnen und Hausärzte, meine Vorschläge, insbesondere die Umsetzung des CM-Modells ohne Triage, kritisch zur prüfen. Es ist ein Handbuch und soll sich in der Praxis bewähren. Ich freue mich, wenn es das tut. Fast noch wichtiger ist: Was klappt nicht? Was fehlt? Was ist zu ergänzen? Lassen Sie mich an Ihren Erfahrungen teilhaben. Es wird nie eine perfekte Lösung für alle Probleme im Gesundheits-, Sozial- und Versicherungswesen geben, aber es ist doch so viel sinnvoller, gemeinsam an Lösungen zu arbeiten, anstatt die Lage zu beklagen.

Letztlich ist dieses Buch für die Menschen, die heute noch kein CM erhalten, weil sie austriagiert wurden. Vielen könnte kostengünstiger geholfen werden. Das möchte das Buch zeigen.

Bern, im November 2010 Edith Weber-Halter

2 Einleitung

> «Ach», sagte die Maus, «die Welt wird enger mit jedem Tag. Zuerst war sie so breit, dass ich Angst hatte, ich lief weiter und war glücklich, dass ich endlich rechts und links in der Ferne Mauern sah, aber diese langen Mauern eilen so schnell aufeinander zu, dass ich schon im letzten Zimmer bin, und dort im Winkel steht die Falle, in die ich laufe.»
> «Du musst nur die Laufrichtung ändern», sagte die Katze und frass sie.
> *Kleine Fabel von Franz Kafka*

Die mögliche Fortsetzung im Zusammenhang mit Case Management wird im Nachwort des Buches erzählt.

2.1 Ausgangslage

> «Wenn man es sich genauer ansieht, muss man feststellen, dass das traditionelle System nicht funktioniert. Und das ist der Anreiz, sich nach etwas anderem umzusehen.»
> *Ricardo Semmler, *1959, wurde bekannt durch die radikale Demokratisierung seines Unternehmens.*

Anlässlich einer der gängigen Weiterbildungen im CM in der Schweiz hörte ich an der Fachhochschule im ersten Modul erstmals das Wort «Triage» im Zusammenhang mit CM. Man erklärte mir die Bedeutung: Weil die CM-Ressourcen beschränkt seien, würden die wirtschaftlich unrentablen, potenziellen CM-Klienten aussortiert zugunsten der ökonomisch rentablen CM-Klienten. Ab da fragte ich bei jedem Modul an der Fachhochschule nach möglichen Antworten und Wegen bei der fairen Verteilung von Leistungen im CM. Mir war schon klar, dass Triage die Antwort der CM-Anbietenden auf die Kostenexplosion war. Ich wollte gerne alle Aspekte diskutieren: die Kostenexplosion, die prinzipielle Chancengleichheit für Klienten und die Verlagerung von Kosten auf andere Träger im System. «Man solle es einfach leben», hiess es bestenfalls. Den meisten Dozenten, überwiegend Soziologieprofessoren, war meine Beschäftigung mit dem brisanten

Thema offensichtlich unbehaglich. Bis zum Ende der Weiterbildung erhielt ich keine wirkliche Antwort.

Bis heute wird keine Vorlesung, geschweige denn ein Modul, zum Thema «Triage» in einer CM-Weiterbildung angeboten. Antworten auf Fragen nach Wegen, Möglichkeiten, Chancen für die Gleichbehandlung aller Klienten – davon können vor allem Kursteilnehmerinnen aus der Privatwirtschaft nur träumen. Bezeichnenderweise fand ich kaum Vorbilder und keine kritischen Bücher im deutschsprachigen Raum, welche die folgende Frage aufwerfen und beantworten:

Wie gehen wir damit um, dass alle Menschen gleich wertvoll sind und wir eigentlich alle Personen in komplexen Situationen mit CM entlasten wollen, die Mittel jedoch beschränkt oder gar am Schwinden sind?

Wenn die Mittel knapper werden, scheint es unmöglich zu sein, alle Menschen gleich zu behandeln. Diese nie hinterfragte «Tatsache» hat zur Folge, dass im CM, wie in anderen Lebensbereichen, der Wert eines Menschenlebens rein nach ökonomischen Gesichtspunkten beurteilt wird: Lohnt CM wirtschaftlich beim Beurteilten? Die Rede ist von Patienten aus dem Gesundheitsbereich, Versicherte oder Klienten einer Sozialhilfe oder des Bildungswesens. Dort, wo es um Zahlen geht, ist es Usus, ein Menschenleben nach seinem ökonomischen Wert zu beurteilen: Die Probleme des alten, pflegebedürftigen Menschen oder der jungen Blinden «kosten» die Gesellschaft. Also sind Menschen, die «kosten», ökonomisch betrachtet, weniger wert. Der Druck des Marktes, der in Sparvorgaben seinen Niederschlag findet, ist oft verbunden mit der Angst, die eigene Position oder Stelle zu verlieren. Ausserdem stellt sich niemand gerne von uns die Frage, wie es denn mit unserem eigenen Leben bestellt sein mag, wenn bei uns die Entscheidung ansteht: Endlichkeit der Mittel bei absehbarer Endlichkeit des Lebens.

CM ist ein Spiegel der Gesellschaft. Wir stellen uns diesen Fragen nicht, wir tabuisieren sie. Es sind «schlimme» Fragen. Es gibt die interessantesten Medien für die abwegigsten Fragen unserer Zeit. Jeder mag mitdiskutieren über das Bankgeheimnis, die Libyen-Affäre oder das Militärbudget. Interessanterweise wird es gerade beim Thema Gesundheit, für das sich jeder in der Wellness-Variante interessiert, still, wenn es um Tod, überfüllte Altersheime oder kostenintensive Sozial«fälle» geht.

Im CM wie in unserer Gesellschaft werden diese «schlimmen» Fragen stillschweigend tabuisiert. Neugierig geworden, ging ich diesen interessiert und beharrlich nach. Ich suchte keine Schuldigen, sondern Antworten, damit wir vom Schweigen loskommen, frei nachdenken und nach den eigenen Überlegungen handeln, ohne dass es Verlierer gibt.

Ich interviewte viele Kolleginnen und Kollegen aus der Branche und angrenzenden Gebieten. Ich hatte sie über Dritte oder über einschlägige Fachartikel im Internet gefunden und kontaktiert. Mit wenigen Ausnahmen kannten mich meine

Gesprächspartner also vorher nicht. Nachdem ich Anonymität zugesichert hatte, brach so mancher Damm und auch einige Tabus, die nicht nur in der Welt des Case Managements herrschen. Dazu gehören z. B. die Sinnfrage, das Todestabu und Fragen nach dem Umgang mit der Mittelverteilung bei Rationierung. Meine Gesprächspartner waren Case Managerinnen von der Basis, CM-Teamleiter, Mediziner in leitenden Positionen, Politiker, Anwälte, Projektleiterinnen, Juristen, ein Ethiker, Laien, Ausbildungsverantwortliche und Profis aus andern Berufsgruppen. Sie haben sich mit einer einzigen Ausnahme spontan auf die anstrengenden Gespräche eingelassen, trotz Bergen von unerledigten Dossiers, Notfalldienst, ohne Rücksicht auf Wahlkampfverpflichtungen, bevorstehende Ferien, Weiterbildung und ungeachtet unterschwelliger Angst vor den Fragen. Übereinstimmend lautete der Tenor: «Diese unbeantworteten Fragen im CM sind mein Alltag. Endlich wird darüber geschrieben und hoffentlich auch bald öffentlich darüber diskutiert.»

Es wurde immer spannender. Hinter vorgehaltener Hand teilten mir viele der interviewten Personen mit, dass sie sich seit Jahren Fragen zu den Austriagierten und zur CM-Verteilung stellen und nach gangbaren, gerechteren und gleichzeitig ökonomisch langfristig verantwortbaren Wegen im CM suchen. Ich bin also glücklicherweise keine Ausnahme. Dieselben Personen sagten aber auch, dass sie sich nicht in der Lage fühlten, die Probleme anzugehen. Stellvertretend dafür soll nur diese Aussage stehen: «Ich bin ja abhängig von der Institution und will nicht meinen Broterwerb aufs Spiel setzen.»

Meine berufliche Selbstständigkeit erleichtert mir eine freie Meinungsäusserung und die Veröffentlichung meiner Gedanken. Ich bin in der glücklichen Lage, keine Interessen einer bestimmten Institution oder Politik vertreten zu müssen. Ich hoffe, mit meinem Praxishandbuch die Diskussion und viele kritische Stellungnahmen anzuregen. Nur so kommen wir zu einer Überprüfung der heute gängigen CM-Praxis und können Anpassungen vornehmen, die menschlich wie ökonomisch geboten sind.

Weiterbildungsverantwortliche im CM, Politiker, Führungspersonen aus Versicherungen, Ethiker und Ökonomen, wären eigentlich prädestiniert, zum Thema ökonomisch langfristigen, fairen Leistungsverteilung im CM Stellung zu beziehen und uns Orientierungs- und Umsetzungshilfe zu geben. Aber viel hört man zu diesem brenzligen Thema in der Öffentlichkeit nicht. Anders an der Basis: Auf den Fluren von Weiterbildungsstätten, in Erfahrungsgruppen oder bei Stehlunches an Kongressen führen kritische Case Managerinnen engagierte Diskussionen. Immer lauter werden dabei die Fragen gestellt, wie allen Bedürftigen CM gewährt werden kann, ohne dass die Kosten im Gesundheits-, Sozial- und Versicherungswesen weiter steigen. Diese Fragen werden aber (noch) nicht öffentlich gestellt. Das Buch soll den Prozess, der seit einigen Jahren im Gang ist, beschleunigen.

Worum geht es?

Es geht einerseits um das Problem der schwindenden Ressourcen als auch um das Schicksal der weniger Privilegierten – d. h. der Mehrheit der Klienten. Jene, die bei der Verteilung von CM zuhinterst anstehen und nicht selten leer ausgehen: psychisch Kranke, Randständige, Langzeitarbeitslose, alte Mitarbeiter, schlecht ausgebildete Ausländer, Pflegebedürftige, chronisch Kranke, Alte, Sterbende. Wir haben ein wunderbares Versicherungs- und Gesundheitssystem, massgeschneidert für akute Probleme und für Junge. Für die Bedürfnisse der Austriagierten, die in der Kette den Schluss bilden, braucht es auch CM, nicht nur aus Menschlichkeit, sondern aus langfristig ökonomischen Überlegungen.

2. 2 Was ist CM und was bezweckt das Buch?

«Aus derselben Ackerkrumme wächst das Unkraut wie die Blume.»
Friedrich von Bodenstadt

2.2.1 Was ist CM?

Im CM geht es um die zielorientierte Problemlösung bei Menschen, die in vielschichtigen, sog. komplexen Situationen stehen.

Der Begriff «Case Management» stammt aus dem Englischen und bedeutet wörtlich «Fallführung». Damit bezeichnet man ein methodisches, systematisches Vorgehen zur Kostenreduzierung im Bildungs-, Sozial-, Versicherungs- und Gesundheitswesen. Es gibt keine einheitliche CM-Definition. Eine mögliche Definition findet sich in den «Standards Case Management» des Netzwerks Case Management Schweiz aus dem Jahr 2006. Die Kosten entstehen infolge von akuten oder chronischen Erkrankungen, Unfällen, wirtschaftlichen, Bildungs- oder/und sozialen Problemen. Dies kann zu länger andauernden Absenzen in Betrieben, zu Invalidität und zu Ausschluss aus dem Berufs-/Sozialleben führen. Versicherte Klienten oder Patienten sind selbstverständlich keine «Fälle». Im Case Management geht es immer um die Menschen hinter den «Fällen», auch wenn der wirtschaftliche Druck zunimmt und man vor lauter betriebswirtschaftlichen Kennzahlen manchmal die Menschen aus den Augen verliert.

Bei folgenden Problemen kann CM zum Einsatz kommen:

- nach Unfällen, bei Erkrankungen
- in speziellen Lebenssituationen, z. B. bei Frühgeborenen, im Alter, bei Menschen mit Suchterkrankungen

- bei Menschen, die in sozialen Problemen stecken, wie z. B. Arbeitslosigkeit, Ausbildungsproblemen.

Anbieter von CM können sein:

- Privatversicherer
- private CM-Firmen, private Einzelanbieter (Anwälte, Pflegefachfrauen o. a.)
- Unternehmen für ihre Arbeitnehmer
- staatliche Stellen, z. B. die Sozialhilfe
- Unternehmen aus dem Gesundheitswesen (öffentliche oder private Spitäler, Kliniken, Heime, ambulante Pflegeorganisationen).

Finanziert wird CM durch:

- die Bezüger selbst
- staatliche Stellen (öffentliche Gelder)
- die Arbeitgeber der Betroffenen in Unternehmen
- Versicherer.

Die Aufarbeitung einer komplexen Klientensituation dauert durchschnittlich sechs bis zwölf Monate und kostet zwischen CHF 10 000 bis 25 000 (The Boston Consulting Group, 2010: 15).

Dieser extrem hohe Preis begründet die Abwehr gegen ein CM für alle Personengruppen. Die weitere Buchlektüre wird Ihnen zeigen, dass meine Art des CM wesentlich kostengünstiger ist, bei gleicher bis besserer Leistung und deswegen eigentlich kein Grund gegen CM für alle vorliegt. Aber auch bei hohen Kosten lohnt sich ein CM, wenn man dabei x-fache Folgekosten in Form von Rentengeldern oder andern Kosten (Krankentaggeldern, Sozialhilfe, Heim) einsparen kann.

Für Laien verwirrend ist die Tatsache, dass CM von beliebigen Anbietern angeboten und durchgeführt werden kann. Für Aussenstehende nicht durchsichtig ist die berufliche Grundausbildung der Case Managerinnen, die verschiedene, nicht vergleichbare Berufsausbildungen mit unterschiedlichen Fähigkeiten und Kompetenzen aufweisen (wie beispielsweise als Schreiner, Sozialarbeiterin, Sozialversicherungsexperte oder Verkäuferin). Ebenfalls irritierend sind die grossen Qualitätsunterschiede in der Weiterbildung: vom Schnellkurs bis hin zum Fachhochschulabschluss. Dies hat zur Folge, dass je nach Berufs- und Erfahrungsgrundlagen Case Managerinnen erhebliche Unterschiede in Qualität, Haltung und kurz- oder langfristigen Sichtweisen im Angehen der Problemlösung aufweisen. Dies macht es schwierig, CM-Leistungen miteinander zu vergleichen. Hinzu kommen in der Praxis die zum Teil sehr unterschiedlichen Ziele von CM. Das Buch wird etwas zur Klärung beitragen.

2.2.2 Was bezweckt das Buch?

Es gibt eine beachtliche Menge an CM-Büchern. Dieses Buch ist ein Praxis-Handbuch, verfasst von einer Praktikerin für Praktiker. Er schliesst eine Lücke in der bestehenden Literatur, indem es den Blick in die Realität wagt, die Theorie auf den Prüfstand der Praxis stellt, die Fragen formuliert, die den Case Managerinnen vor Ort auf den Nägeln brennen, und Mängel benennt.

Dabei bleibt es nicht. Es geht um konstruktive Kritik. Das Buch zeigt gangbare Lösungswege auf und präsentiert eine angepasste Theorie – abgeleitet von der erprobten Praxis. Das angepasste Modell schliesst alle Beteiligten auf allen Ebenen ein: vom Individuum über alle beteiligten Institutionen bis zur Gesellschaft.

Das Buch möchte Sie motivieren, CM als sinnvolles, ökonomisch verantwortungsvolles Verfahren für alle potenziellen CM-Klienten einzusetzen, allen voran für die bisher aus wirtschaftlichen Gründen Austriagierten, weil Ihr Unternehmen und die Gesellschaft, also wir alle, langfristig dabei Kosten einsparen werden.

2.3 Aufbau und Zielgruppe

> «Viele Bächlein ergeben einen Bach.»
> *Deutsches Sprichwort*

Das Buch gliedert sich in folgende aufeinander abgestimmte Teile:

In den Kapiteln zwei und drei, der Einleitung und den Grundlagen erfahren Sie Grundsätzliches über CM.

Im Kapitel vier beschreibe ich die CM-Problematik in der Praxis und deren Ursachen.

Es folgen im Kapitel fünf Praxisbeispiele, die stellvertretend für die gängigsten Klientengruppen und Problemsituationen stehen. Anhand dieser Beispiele erläutere ich meine CM-Praxis. Die angepasste CM-Theorie, die danach im selben Kapitel vorgestellt wird, leitet sich von meiner Praxis ab. Die Vorschläge zur künftigen Finanzierung von CM runden das 5. Kapitel ab.

Im 6. und letzten Kapitel gibt es einen Ausblick in die Zukunft. Es ist ein durchaus hoffnungsvoller Ausblick, auch wenn heute die Ressourcen laufend schwinden und dabei gleichzeitig immer mehr Klienten CM benötigen.

Als ich das Buch schrieb, hatte ich auch die Vorgesetzten meiner angestellten Kolleginnen und Kollegen im Blick, besonders aber die Case Managerinnen, die heute in der Schweiz, in Deutschland und Österreich bei Versicherern arbeiten, aber auch in verschiedenen Institutionen im öffentlichen Sozial- und Bildungswesen. Die meisten Case Managerinnen sind Versicherungsangestellte und bilden die grösste Gruppe der Case Managerinnen. Sie sind täglich mit Fragen nach dem Umgang mit der Endlichkeit der Mittel im CM konfrontiert. Case Managerinnen aus Versicherungen denken und handeln vorab marktwirtschaftlich und gemäss kurzfristigen Zielvorgaben aus den Vorgaben und der Hierarchie ihres Betriebes. Profitieren würden von meinem CM am meisten die CEOs ebenjener Versicherer. Sie könnten am schnellsten und unmittelbar Nutzen aus einem langfristigen CM-Konzept ziehen. Vielleicht liest der eine oder andere dieses Buch, zum Wohle aller seiner Versicherten und der belasteten CM-Mitarbeitenden.

Im Blick habe ich aber auch Angestellte aller Hierarchien im Gesundheitswesen. Diese sehen sich laufend mit der Endlichkeit des Lebens konfrontiert.

Da der Praxisbezug die Basis dieses Handbuchs bildet, ist die Sprache praxisnah und so gewählt, dass sie auch für Laien verständlich ist.

Schnelleserinnen verweise ich auf die zusammenfassende Gegenüberstellung von Case Management nach Lehrbuch, in der Praxis und ohne Triage im Kapitel 5.4.

2.4 Länderübergreifende Gemeinsamkeiten im CM

«Gemeinsame Probleme und gleiche Chancen»

Die Interviews, die unter anderem zu diesem Buch führten, lenkten meinen Blick von der Schweiz nach Österreich und Deutschland.

Sobald meinen Gesprächspartnern klar war, dass sie anonym bleiben würden, öffneten sich mir vermeintlich geschlossene Türen. Dies hat mir Einblicke in CM-Welten verschafft, bei denen mir mitunter der Atem stockte, manchmal auch das Blut fast gefror. Aber immer sah ich auch Ansätze für eine sinnvolle Anwendung von CM in der Zukunft. Dabei war schnell klar, dass wir im CM alle gemeinsame Probleme, Werte und Chancen haben:

Die Not von betroffenen Menschen in komplexen Situationen ist nicht an Ländergrenzen gebunden, ebenso wenig die Frage, wie wir damit umgehen, dass alle Menschen gleich wertvoll sind und wir eigentlich alle Personen in komplexen

Situationen mit CM entlasten wollen, die beschränkten Mittel jedoch weiter schwinden.

Jedes Land verfügt zwar über unterschiedliche CM-Weiterbildungen und Standards. International gemeinsam ist jedoch:

- die Bedürftigkeit der Klienten
- die Frage, wer CM erhält und wer nicht
- dass jeder im CM den Auftrag hat, Kosten zu reduzieren.

CM-Leistungserbringer müssen praktisch ihr Gehalt bei Klienten einsparen, um ihren Arbeitsplatz zu legitimieren. So ist es verständlich, dass jeder Leistungserbringer und jeder Bereich im CM versucht, die Kosten auf andere im System abzuwälzen. Die Folgen sind:

- das Problem miteinander konkurrierender Interessen, über die Institutionen und alle gesellschaftlichen Ebenen hinweg bei gleichzeitig schwindenden Ressourcen
- allgemeingültige Tabus
- dass die Komplexität der Abläufe und der Klientensituationen dringend einer Vernetzung bedürfte, zuvorderst einer optimalen, alle Beteiligten einschliessenden Kommunikation mit dem Ziel der Konsensfindung
- für das Jahr 2030 ähnliche Zukunftsperspektiven für Demografie und Gesundheitswesen herrschen und somit gewissermassen dieselben Probleme zu lösen sind: hoher Personalabgang in der Langzeitpflege, zahlenmässige Zunahme der Menschen mit chronischen Erkrankungen auf Grund des weiteren medizinischen Fortschrittes und die fortschreitende Überalterung in der Gesellschaft.

2.5 Ein angepasstes Case Management

> «Zweifeln ist der Weisheit Anfang.»
> *René Descartes, Philosoph, Mathematiker und Naturwissenschafter (1596–1650)*

In den letzten zehn Jahren meiner Berufspraxis habe ich mich intensiv mit Theorie und Praxis des Case Managements auseinandergesetzt. Mittlerweile bin ich zu der Überzeugung gelangt, dass die heute praktizierten und gelehrten Ansätze für das CM die Wirklichkeit nicht angemessen beschreiben. Ich habe daher ein an die Realität der Praxis angepasstes Case Management-Verfahren entwickelt. Ich werde es in diesem Praxishandbuch vorstellen. Ausgangsbasis für die Entwicklung dieses Verfahrens ist die Praxis-Realität, wie ich sie erlebt habe. Diese präsentiere ich in den Praxisstudien. Sie werden typische CM-Klienten kennenlernen, wie sie im Berufsalltag täglich vorkommen. Daraus habe ich im Laufe der Zeit ein Verfahren entwickelt, das sich auch in einem Modell darstellen lässt. Dreh- und Angelpunkt für dieses neue Verfahren sind die Zentrumsfragen, das Angehen von Tabus und der erweiterte Blickwinkel. Interessanterweise ist dieses Verfahren zudem noch kostengünstiger.

Mein Case Management stützt sich auf ein Menschenbild, das auf der Befähigung zur Selbstreflexion beruht sowie auf der Fähigkeit zu fühlen, nachzudenken, zu unterscheiden und Stellung zu beziehen. Darauf basieren das Sollen und Wollen, welche in Handlungen münden, die menschlich sinnvoll und realitätstauglich sein müssen. Denn Ressourcen und das Leben sind endlich. Mein Menschenbild respektiert den Wert und die Würde jedes Menschen, das Leben wie den Tod gleichermassen. Es fordert mich zu verbindlichen Handlungen und Verlässlichkeit für das Gegenüber auf, auch bei Unterlassung der Verantwortungsübernahme seinerseits. Verantwortung und Rücksicht lebe ich gleichzeitig gegenüber den Beteiligten aus den Institutionen und gegenüber der Gesellschaft. Als Case Managerin gehe ich mit jedem so um, dass er Mensch sein kann und ich selber dadurch Mensch werde.

Verschiedene Methoden nehmen Ganzheitlichkeit für sich in Anspruch und sagen, wenn effizient und ganzheitlich gearbeitet werde, spare dies automatisch Kosten ein. Im CM verstehe ich unter Ganzheitlichkeit mehr als das methodische, systematische, effiziente, strukturierte, gezielte Vorgehen, das zwar Kosten einspart, aber nicht immer für das Ganze.

Im ganzheitlichen CM sehe ich die Menschen und die Ebenen als Teile des Systems, die in ständigem Wechselspiel, in Beziehung und in Konfrontation zueinander stehen. Ich muss die Bereitschaft aufbringen, mein Handeln an dieses Ganze anpassen zu wollen. Wo der Einzelne ausschliesslich einen Teilbereich und nicht das ganze Bild erkennen kann, entstehen Fehler, Folgeschäden und -kosten. Erst wenn alle Teile in ihrer Verbundenheit betrachtet werden, also beispielsweise Wirtschaftskrise, Mensch, Arbeitslosigkeit, Depression, sieht man den betroffenen Menschen mit seinen Reintegrations- und psychischen Problemen als Individuum in einer Gesellschaft, die von der Wirtschaftskrise betroffen ist. Nur so entsteht der Zusammenhang als verbundenes Ganzes.

CM bewegt sich zwischen vielen Fachdisziplinen. Um CM ganzheitlich anzugehen, muss ich zusätzlich die Anliegen, Denkweisen sowie die Werte der Beteiligten ins CM aufnehmen. Um nur einige Bereiche zu nennen: Informatik, Datenschutz, Politologie, Betriebs- und Volkswirtschaft, Versicherung, Recht, Soziologie, Psychologie, Philosophie, Ethik, Pflege und Medizin.

3 Grundlagen

3.1 Einführung ins CM

Dieses Kapitel führt in das Wesen und die Geschichte des Case Managements ein, klärt die Begriffe Case Management, Managed Care, Disease Management und Care Management, erläutert Ebenen und Prozesse des Case Managements.

3.1.1 Case Management: Wesen und Geschichte

«Not lehrt planen.»
Sprichwort

Die CM-Literatur bezeichnet einheitlich Amerika und das Jahr 1863 als Entstehungszeit für CM (Ewers/Schaeffer, 2000: 41). Der Philanthrop Samuel G. Howe aus Boston engagierte sich 1824–1827 als Arzt und Soldat im griechischen Freiheitskampf. Später setzte er sich auch noch von den USA aus für die Griechen ein. Er war Vorstandsmitglied der ersten staatlichen Wohlfahrtsorganisation in Massachussetts, des *Board of Charities of Massachussetts*. Sie wurde 1863 gegründet und war die erste dieser Art in Amerika.[1] Bis 1842 war er auch dessen Vor-

1 Dem dritten Jahresrapport der Wohlfahrtsorganisation ist als deren Ziel, das auf CM verweist, Folgendes zu entnehmen (Acts of 1863, Chapter 240): «The Board shall investigate and supervise the whole system of the public charitable and correctional institutions of the Commonwealth, and shall recommend such changes and additional provisions as they may deem necessary for their economical and efficient administration.» Board of State Charities of Massachussetts, Reports of the Secretary, and the General Agent of the Board, January, 1867, Boston, p. 17, zitiert nach: Schwartz, 1956: 275.

sitzender.[2] Auslöser für die Gründung der Wohlfahrtsorganisation waren Probleme mit neuen, armen Einwanderern, welche dringend Nahrung, Pflege und soziale Unterstützung benötigten. Das führte dazu, dass in den USA der Versorgungsbedarf erstmals systematisch erhoben und anschliessend koordiniert erbracht wurde. Trotz beschränkter Ressourcen sollte damit der Bedarf gedeckt werden.

Das Wesen von CM basiert auf Samuel G. Howes Grundhaltung: dem Ideal der Menschlichkeit. Menschenliebe als Motivation, verbunden mit der Erhebung des Bedarfs und der Koordination bei der Leistungsverteilung, damit mit den beschränkten Ressourcen verantwortlich umgegangen wird – eine geniale Idee war geboren: Case Management.

Sowohl die Sozialarbeit als auch die Pflege erheben heute Anspruch darauf, CM begründet zu haben. Unbestritten ist, dass beide Berufsgruppen als Pioniere des CM gelten. Angehörige dieser beiden Berufsgruppen, unter den Pflegenden insbesondere jene der einstigen Gemeindepflege, arbeiten bereits seit Jahrzehnten nach dem Konzept CM, ohne es ausdrücklich so zu nennen.

Der Zweite Weltkrieg mit den zahlreichen Kriegsverletzten mit bleibenden Behinderungen zwingt den amerikanischen Staat zur Suche nach passenden Lösungen. Die Kranken sind ungenügend behandelt, betreut und gepflegt. Wie soll die Finanzierung gesichert werden? Um der neuen Situation gerecht zu werden, wählt man das methodische Vorgehen des CM. Versicherungsgesellschaften beginnen ihrerseits, ihre kostenintensiven Nutzer, die sogenannten *high cost patients*, auszusieben und Kosten mit dem CM-Verfahren anzugehen. Dafür stellen sie Personaldienste, Sozialarbeiter und Gemeindeschwestern ein. Das Ziel ist in erster Linie die Ausgabenreduktion bei den Versicherern.

Als die Ausgabenentwicklung im amerikanischen Gesundheitswesen nicht mehr zu bremsen ist, werden Menschen in komplexen Situationen ebenfalls mittels CM angegangen. Ab den Siebzigerjahren fördert die Regierung Modellprogramme im CM für speziell ausgewählte Gruppen, unter anderem für Arbeitslose, Obdachlose und für pflegebedürftige Betagte. Dass Amerika heute das teuerste und ineffizienteste Gesundheitssystem hat, liegt an ganz anderen Faktoren. CM kommt nur einer sehr kleinen Gruppe zu.

Auch in Europa zwingen massiv gekürzte Budgets im Sozial- und im Gesundheitswesen die Politiker, Auswege zu suchen. Staatlich subventionierte CM-Projekte sollen die Kosten bremsen. Auch in der privaten Versicherungsbranche steht man vor ungelösten Problemen und unbegrenzten Ausgaben. Aus Amerika, wo

2 Historical Overview, State Hospitals of Massachussetts, 1863: «Massachussetts Board of State Charities» established by legislature, Chapter 240. Chronology The Columbia Encyclopedia, Sixth Edition, 2008, Columbia University Press, Samuel G. Howe, o. S.

die Gesundheitskosten noch höher ausfallen als in der Schweiz und das Gesundheitssystem teuer und ineffizient ist, wird das CM-Verfahren unreflektiert übernommen. Hier wie dort heisst es: Versicherte mit absehbar hohen Versicherungskosten sollen so schnell als möglich wieder in das Arbeitsleben integriert werden. Die stetig steigenden Gesundheitskosten, gepaart mit hohen Erwartungen und Hoffnungen auf Kosteneinsparungen seitens der Politik und Wirtschaft, ökonomisieren das CM vollends.

Das ursprüngliche Ziel, Menschlichkeit und die beschränkten Mittel so verantwortlich einzusetzen, dass sie nach Bedarf und koordiniert für möglichst viele Bedürftige eingesetzt werden, ist in Amerika wie in Europa nicht mehr die Grundhaltung und Einstellung im CM. CM wurde zum Hoffnungsträger für die Kosteneinsparung. Heute ist in der Praxis das Ziel von CM bei fast allen Anbietern fixiert auf die Kostensenkung für die eigene Institution. Die meisten Anbieter von CM haben vorgängig diese Intention.

3.1.2 Der Versicherungsgedanke

Soweit wie wir heute wissen, geht das Versicherungswesen auf das Zweistromland zurück. Die Versicherungsidee ist über 4000 Jahre alt. Es begann in der Schiffahrt und im Karawanenhandel: Geriet ein Schiff in Seenot und musste Fracht über Bord geworfen werden, so mussten alle Beteiligten durch gemeinsame Beiträge den Schaden decken. «Aus dem Codex Hamurabium 2250 v. Chr. geht u. a. hervor, dass ein Schaden, der einer Karawane durch Raub oder Überfälle entstand, auf die Teilnehmer verteilt werden sollte» (Schaer, 2007: 2). Nach Schaer gab es bereits in der Antike ein Bereicherungsverbot, ein heute allgemein gültiges Grundprinzip im Versicherungsrecht: Einem Eseltreiber, der seinen Esel verlor, durfte nicht Geldersatz, sondern nur Naturalersatz geleistet werden.

Der ethische Wert der Versicherung liegt laut Willi Gruss in der Gegenseitigkeit: «Es muss sich eine Vielzahl von Bedrohten zusammenfinden, um ein Risiko gemeinsam zu tragen.» (Gruss, 1987: 13). Die gegenseitige Deckung ist als Parole den meisten Versicherungsangestellten bestens bekannt: «Einer für alle, alle für einen.» Wer das Glück hat, vom Missgeschick verschont zu bleiben, leistet einen Beitrag an diejenigen, die das Unheil trifft. Und dadurch, dass er dies tut, erlangt der Einzelne selbst die Gewissheit, dass auch ihm die Hilfe der Versicherungsgemeinschaft zuteil wird, wenn Bedarf besteht. Zum Prinzip der Gleichheit von Leistung und Gegenleistung gehört, dass die Versicherung entgeltlich ist (Gruss, 1987: 14, 15).

Die wunderbare Versicherungsidee, die auf Solidarität basiert, also der gegenseitigen Hilfe der Gemeinschaft im Notfall, ist 4000 Jahre alt.

Wichtig für die spätere Entwicklung des Versicherungswesens ist das Seedarlehen, das *foenus nauticum*. Dabei handelte es sich um ein Darlehen für die Finanzierung einer Seereise. Die Rückzahlung mit hohen Zinsen hatte nur dann zu erfolgen, wenn das Schiff seinen Bestimmungshafen erreichte. Ging es unter, verlor der Financier das Kapital samt Zinsen (Schaer, 2007: 3). Papst Gregor IX. verbot im Jahre 1230 das Seedarlehen (sog. Kanonisches Zinsverbot), was den Handel behinderte (Schaer, 2007: 3–4). Ein späteres Gesetz der Stadt Genua setzte im 13. Jahrhundert das kanonische Zinsverbot wieder ausser Kraft (Schaer, 2007: 6). Im Mittelalter trafen die Gilden oder Zünfte Bestimmungen, um Mitglieder gegen gemeinsame Gefahren wie Schiffbruch, Brand, Wassernot, Diebstahl oder Raub zu schützen (Gruss, 1987: 25).

In der Schweiz setzte die Entwicklung unseres modernen Versicherungswesens später ein. Ich beschränke mich hier auf das Aufführen von Informationen, welche rund um CM von Bedeutung sind. Brandgeschädigten wurde noch 1798 mit Sammlungen von Liebesgaben und durch Ausstellung von Bettelbriefen geholfen. Der Brand in Glarus in der Nacht vom 10./11. Mai 1861 löste eine Gründungswelle für Schweizerische Versicherungsgesellschaften aus (Schaer, 2007: 13, 16). Kennzeichnend für das 19. und 20. Jahrhundert war eine starke Ausdehnung der Sozialversicherung, durch die die Versicherung zum Mittel der Sozialpolitik gemacht wurde (Gruss, 1987: 27). 1912 wurde das KUVG (Kranken- und Unfallversicherungsgesetz) verabschiedet, aufgrund dessen die Krankenkassen subventioniert und die obligatorische Unfallversicherung für einen wesentlichen Teil der Arbeitnehmenden eingeführt wurde. 1918 nahm die Suva (Schweizerische Unfallversicherungsanstalt) ihren Betrieb auf. Kurz nach dem Zweiten Weltkrieg wurde die AHV (Alters- und Hinterlassenenversicherung) eingeführt und zu Beginn der 60er-Jahre kam die soziale Invalidenversicherung (sog. IV) hinzu. Dank dem neuen UVG (Unfallversicherungsgesetz) konnte ab 1984 die Unfallversicherung als Obligatorium auf sämtliche Arbeitnehmende ausgedehnt werden. 1994 wurde das KVG (Krankenversicherungsgesetz) angenommen und ab 1996 umgesetzt.

Die Ausdehnung der Geschäftstätigkeiten der Schweizerischen Versicherungsgesellschaften auf das benachbarte Ausland ab dem 19. Jahrhundert führte dazu, dass auch ausländische Versicherer in der Schweiz tätig wurden, was zu ungesunden Wettbewerbssituationen führte. In- und ausländische Versicherungsaktiengesellschaften bekämpften sich zunehmend mit billigen Prämienangeboten (Schaer, 2007: 17). Ein Marktanteilsstreben, das sich bis heute ins CM auswirkt.

Zu Beginn der Neunzigerjahre des 20. Jahrhundert stieg die Arbeitslosigkeit in der Schweiz erstmals seit sehr langer Zeit an. In der Folge kam es zu einem tiefgreifenden Wandel im Verhältnis von Bürger und Staat. In einem Artikel mit dem Titel «Wir Abzocker» wird beschrieben, wie das Anspruchsdenken, Versicherungsgelder zu beziehen, immer deutlicher zugenommen hat: «Keiner für alle, alle für mich».[3] Heute droht der beinahe 4000 Jahre alte Versicherungsgedanke mit seinem Prinzip der Solidarität – der Geschädigte kann seinen Bedarf aufs Kollektiv übertragen – auszusterben. Der Grundsatz, dass viele für einzelne Betroffene einzahlen, ist fast vergessen. Er wird allmählich abgelöst von einer Haltung, bei der jeder von seinen Einzahlungen selbst profitieren will. Das korrumpiert die Versicherungsidee, denn die Rücklagen reichen dafür nicht.

Gemeinsam ist den Versicherern und dem CM, dass ihr Grundgedanke der Solidarität und Menschlichkeit erodiert. Es geht nicht mehr darum, dass Geschädigte bei Bedarf ihren Schaden ans Kollektiv abgeben können. Es geht vor allem nur noch um eigene Vorteile. Das Fundament der Versicherung und des CM ist brüchig geworden. In den Rissen haben sich Eigeninteressen eingenistet.

3.2 Begriffsklärungen: Case Management, Managed Care, Disease Management, Care Management

> «Weiss man denn, was einen gesund gemacht hat? Die Heilkunst, das Schicksal, der Zufall – oder Omas Gebet?»
> *Michel de Montaigne, Politiker und Philosoph (1533–1592)*

3.2.1 Case Management

Der Begriff «Case Management» stammt aus dem Englischen und bedeutet «Fallführung». Damit bezeichnet man ein methodisches, systematisches Vorgehen nach dem Problemlösungsverfahren zur Kostenreduzierung im Bildungs-, Sozial-, Versicherungs- und Gesundheitswesen. Die Kosten entstehen infolge von (chronischen) Erkrankungen, Unfällen oder aber auch aus wirtschaftlichen, Bildungs- oder sozialen Problemen. Dies kann zu länger dauernden Absenzen in Betrieben, zu Invalidität und zum Ausschluss aus dem Berufs-/Sozialleben führen. Versicherte, Klienten oder Patienten sind selbstverständlich keine «Fälle». Im Case Management geht es immer um die Menschen hinter den «Fällen», auch wenn dies im Jargon vergessen zu werden droht.

---

3 «Laut Zahlen der Universität Basel gehen derzeit gesamtschweizerisch 60 Prozent aller erwerbslosen Hochschulabsolventen im ersten Jahr stempeln – Anfang der Achtziger waren es weniger als 30 Prozent.» (...) «Die Hemmschwelle, staatliche Leistungen voll auszuschöpfen und im Gegenzug die Steuern mit allen Mitteln zu optimieren, ist gesunken. Nicht nur Topmanager, auch der Mittelstand bewegt sich hin zum Menschenbild des reinen Homo oeconomicus: Möglichst viel für die eigene Arbeit erzielen, möglichst wenig Leistungen für andere zu bezahlen. Keiner für alle, alle für mich». Mingels/Flammer, 2007: 16.

3.2.2 Managed Care

Es besteht keine einheitliche Definition für «Managed Care». Dies ist ein Sammelbegriff für die Summe aller Steuerungs- und Integrationsinstrumente, um nach Managementgrundsätzen eine bedarfsgerechte, hohe Qualität und Wirtschaftlichkeit in der Gesundheitsversorgung zu gewährleisten. Das Konzept entstand unter Kostendruck in den USA und ist ein Angebot von Leistungen in einem begrenzten Netzwerk von Leistungserbringern.

Eine der Massnahmen im Managed Care sind HMO-Arztpraxen.

3.2.3 Disease Management

Wie im Managed Care besteht auch im «Disease Management» keine allgemein akzeptierte Definition (Trautmann, 2005: 947). Es handelt sich dabei um Programme auf der Grundlage bester wissenschaftlicher Erkenntnisse (*evidence based medicine, technology assessment*) im Behandlungsprozess chronisch kranker Patienten mit dem Ziel, die Gesamtkosten zu senken, z. B. durch die Senkung der Spitaltage. Die Programme beinhalten die gezielte Patientenerfassung, beispielsweise chronisch Herzkranker, eine Behandlung nach Abklärungs- und Behandlungsrichtlinien und die Schulung der Patienten im Umgang mit ihrer Erkrankung. Die Zusammenarbeit zwischen allen Therapeuten soll koordiniert und die Kommunikationswege zwischen allen Beteiligten müssen klar sein.

3.2.4 Care Management

Der Begriff «Care Management» wird oft mit dem des Case Managements gleichgesetzt. Die Übergänge von Care zu Case Management sind fliessend. In Deutschland fasst man beide Versorgungsformen unter dem Begriff «Unterstützungsmanagement» zusammen (dip, 2008: 112). Auf seiner Homepage www.netzwerk-cm.ch informiert das Netzwerk Case Management Schweiz, dass der Begriff «von Care Management-Anbietern, Versicherungen usw. unterschiedlich» verwendet werde.

Gemeinsam ist vielen Definitionen von Care Management, dass es um die Strukturierung des Versorgungsmanagements bei komplexen gesundheitlichen Problemen geht, und zwar über die Institutionsebenen hinweg. Als Care Management-Instrumente gelten u. a. das Case und das Disease Management.

3.3 Case Management heute – «nach Lehrbuch»

Ein Seiltanz zwischen Theorie und Realität für die Case Managerinnen.

3.3.1 Definition «Case Management»

Das Netzwerk Case Management Schweiz erklärt Case Management folgendermassen (Netzwerk Case Management Schweiz, 2006: 2):

«Case Management ist ein spezifisches Verfahren zur koordinierten Bearbeitung komplexer Fragestellungen im Sozial-, Gesundheits- und Versicherungsbereich. In einem systematisch geführten, kooperativen Prozess wird eine auf den individuellen Bedarf abgestimmte Dienstleistung erbracht bzw. unterstützt, um gemeinsam vereinbarte Ziele und Wirkungen mit hoher Qualität effizient zu erreichen. Case Management stellt einen Versorgungszusammenhang über professionelle und institutionelle Grenzen hinweg her. Es respektiert die Autonomie der Klientinnen und Klienten, nutzt und schont die Ressourcen im Klienten- sowie im Unterstützungssystem.»

3.3.2 Makro-, Meso- und Mikroebene

CM bewegt sich auf drei unterschiedlichen Ebenen: auf der Mikro-, Meso- und Makroebene. Dazu findet sich im Netzwerk Case Management Schweiz folgende Definition:

«Makroebene – Versorgungs- oder Gesellschaftsebene (Normative Ebene)

CM kann dann am wirksamsten funktionieren, wenn es ausdrücklich als Element der Gesundheitspolitik und der Sozialplanung verankert wird. Hier geht es um die bedarfsgerechte Steuerung der Versorgungssysteme. Die Ebene umfasst einerseits die Ebene der Volkswirtschaft und andererseits die Dimension der politischen Entscheidung und Legitimation.

Mesoebene – Betriebsebene (Strategische Ebene)

CM als eine Kombination von Fall- und Systemsteuerung bedarf intern eines klaren institutionellen Auftrags entsprechend der Strategien, Konzepte, Strukturen, Arbeitsabläufe und Mittel sowie extern der Koordination und Kooperation der Dienste zur Optimierung der interdisziplinären Zusammenarbeit und der Versorgung.

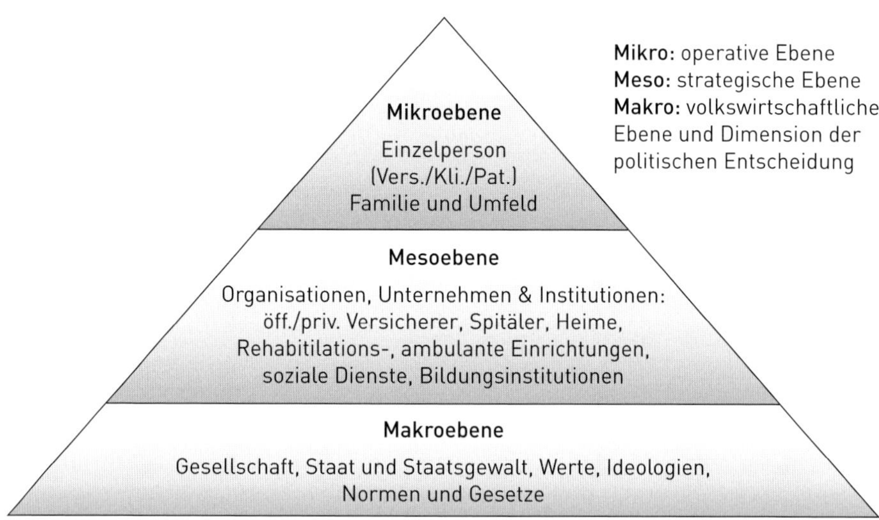

Abbildung 1: Die drei Ebenen des Case Managements.

Mikroebene – Klientenebene (Operative Ebene)
Diese operative Ebene des Case Managements bezieht sich auf den Aufbau und die Steuerung von Unterstützungsnetzen und auf die Zusammenarbeit mit Klienten/Patienten im Einzelfall. Sie erfolgt in der praxisorientierten und flexibel auf die jeweilige Situation angepassten Anwendung des Verfahrens mit seinen definierten Prozessschritten zur Deckung des individuell festgestellten Bedarfs. Case Manager gewährleisten Kontinuität der Intervention und tragen die fachliche Verantwortung gegenüber den einzelnen Klienten/Patienten» (Netzwerk Case Management Schweiz, 2006: 3).
Abbildung 1 zeigt die drei Ebenen, auf denen sich Case Management bewegt.

Alle drei Ebenen müssen für eine bestimmte Gruppe wirtschaftliche, medizinische, soziale und Bildungs-Probleme lösen: In ihrem Arbeitsalltag bewegen sich die Angestellten der CM anbietenden Weiterbildungsstätten zwischen allen drei Ebenen, die Case Managerinnen zwischen der Mikro- und der Mesoebene.

3.3.3 Die Theorie des Regelkreis-Modells

Die Prozessschritte auf Klientenebene sind ausführlich in den «Standards Case Management» beschrieben (Netzwerk Case Management Schweiz, 2006: 4–10). Sie werden im sogenannten Regelkreismodel (s. Abb. 2) dargestellt.

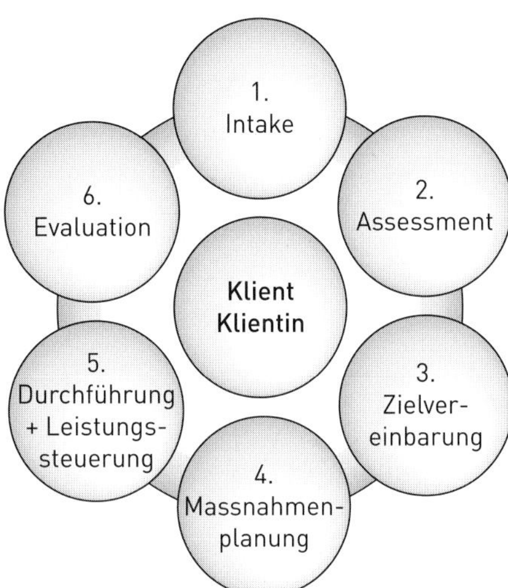

Abbildung 2: Das Regelkreismodell nach Lehrbuch.

Die Verfahrensschritte und damit die Ziele lauten:

Intake

Die Aufnahme ins CM-Verfahren ist geklärt.

Assessment

Die Ausgangslage ist erfasst, die Aufgabenstellungen sind definiert, die Ressourcen des Klienten/Patienten und seines Umfeldes sind erkannt.

Zielvereinbarung

Die Ziele sind für beide Seiten ausgehandelt und verbindlich festgelegt. Es ist definiert, was, wie und in welchem Zeitraum erreicht wird.

Massnahmenplanung

Die Bedingungen für das Erreichen der formulierten Ziele sind geschaffen. Die gemeinsame Planung des Unterstützungsangebotes ist erstellt.

Durchführung und Leistungssteuerung

Das benötigte Leistungsangebot wird bedarfsgerecht erbracht. Der Massnahmenplan wird zielgerichtet umgesetzt. Der Verlauf wird beobachtet und gesteuert. Die

Informationen über den Fallverlauf werden gewonnen, um rechtzeitig intervenieren zu können.

Evaluation

Die Zielerreichung ist überprüft. Die Ergebnisse und der Zusammenarbeitsprozess sind beurteilt, der Entscheid über den Fallabschluss ist gefällt.

4 Problematik

4.1 Case Management und die Realität

> «Der Unterschied zwischen Theorie und Praxis
> ist in der Praxis weit höher als in der Theorie.»
> *Ernst Festl, österreichischer Lehrer, Dichter und Aphoristiker (*1955)*

Lehrbuch-Theorie und alltägliche Praxis von CM stimmen nicht immer überein. Streckenweise widersprechen sie sich sogar. Die Theorie spiegelt nicht die Realität wider. Tatsache ist, dass trotz vielerorts implementiertem CM bis heute die Kosten im Versicherungs-, Gesundheits- und Sozialwesen seit Jahrzehnten unaufhaltsam steigen und gar auszuufern drohen. Dies passt nicht in die bisherige Theorie von CM, die Kostensenkung in Aussicht stellt.

Schwindende Ressourcen wie Finanzen und Personal, verbunden mit der Angst der Beteiligten auf allen Ebenen, wirtschaftlich, sozial oder gesundheitlich nicht zu überleben, führen zu einer Haltung, nach der (auch) CM vor allem Eigeninteressen verfolgen muss. Unter diesem Druck bleibt der Wunsch nach Kostensenkung ein untergeordnetes Ziel. Hinzu kommen Erfolgs-, Kosten- und Leistungsdruck in einer sich rasant wandelnden Gesellschaft. Es ist dieser Rahmen, in dem die Realität des CM stattfindet.

Da ich in den Lehrbüchern gangbare Wege zur Bewältigung der problematischen Realität im CM vermisste, fragte ich in den vertraulichen Interviews mit den Beteiligten aus der Branche nach deren Sicht und Erfahrungen. Diese sind geprägt von der Entwicklung des CM in der Schweiz in den letzten zwanzig Jahren. Das Entstehen und Werden dessen, was wir heute unter CM verstehen, bestimmt noch aktuell Denken und Handeln im CM:

4.1.1 Der Anfang: Situation des Versicherungsmarktes in den 1990er-Jahren

«Man sollte die Unbestechlichkeit bezahlen lassen.»
*Werner Schneyder, österreichischer Kabarettist und Autor (*1937)*

Am 18. März 1994 hat das Schweizer Volk das neue Krankenversicherungsgesetz (KVG) angenommen. Davon erhoffte es sich eine Kostensenkung im Gesundheitswesen. Im Grundversicherungsbereich soll jede Handlung auf ihre Wirksamkeit, Zweckmässigkeit und Wirtschaftlichkeit geprüft werden. Entgegen der ursprünglichen Intention des KVGs stiegen aber die Prämien weiterhin jährlich an, eine Reaktion auf die steigenden Kosten als Folge des erweiterten Leistungsangebots und der Nachfrage. Die hohen Prämien führen bei den Krankenkassen inzwischen zu Prämienausständen in Rekordhöhe. Wer nicht bezahlt, wird betrieben. Während des Verfahrens kommt es zu einem Leistungsaufschub. Die Folgen: Beim Berner Inselspital blieben über 10000 Rechnungen im Wert von 9,5 Mio. CHF offen (Stahel/Wessalowski, 2010: 6). Weiterer Grund des Kosten- und somit Prämienanstiegs: In der Praxis werden bei der Bestimmung der Wirtschaftlichkeit einer Leistung nur jene Kosten berücksichtigt, welche beim Krankenversicherer selbst anfallen, jedoch nicht die volkswirtschaftlichen Gesamtkosten. Ein Urteil des Eidgenössischen Versicherungsgerichtes hat zusätzliche Verwirrung geschaffen, als es die Wirtschaftlichkeit ausschliesslich anhand der den Krankenversicherern entstehenden Kosten beurteilte und nicht etwa aufgrund einer Vollkostenrechnung der Pflege innerhalb und ausserhalb eines Heimes (Fassis: KVG). Unabhängig von der Frage nach einer Gesamtkostenrechnung wurde der Ruf nach Massnahmen zur Kostensenkung mittels CM laut.

4.1.2 Die Ressourcen werden knapp: CM soll helfen

«Vergessen wir nie: In der Medizin geht es um mehr als nur um Leben und Tod:
Es geht um Euro und Cents.»
*Gerhard Kocher, Schweizer Politologe, Gesundheitsökonom und Aphoristiker (*1939)*

Eigentlicher Auslöser für die Einführung von CM waren nicht die Kosten der Behinderten oder Chronischkranken, sondern die Millionenbeträge, welche Haftpflichtversicherer für Leistungen nach einem Schleudertrauma ihren Versicherten, den sog. HWS-Opfern, entrichten mussten. Im Vorfeld war es zu einem starken Anstieg der Schadenzahlungen gekommen.[4] 1991 war der Schleudertrau-

4 In der Interpellation Nr. 07.3475 vom 21.06.2007 von Parmelin Guy in den Nationalrat antwortet der Bundesrat am 28.07.2007, dass die Suva (Schweizerische Unfallversicherungs-

maverband gegründet worden, der Anwälte beschäftigt, die sich auf Sozialversicherungs- und Haftpflichtrecht spezialisiert haben. Auch Ärzte und Berater konzentrierten sich auf diese Patientengruppen und vertraten in der Regel deren Interessen. Die hilflosen Versicherer gerieten zunehmend unter Druck. Um Neurenten zu verhüten und die Kostenexplosion zu stoppen, griffen Versicherer in der Deutschschweiz nach dem CM-Konzept. In aller Eile wurden Schadeninspektoren zu Case Managern umfunktioniert.

Weitere Gründe der Versicherer, CM zur Ausgabenreduktion einzuführen, waren folgende: Der Lebensversicherungsmarkt gilt als gesättigt, die Prämieneinnahmen aus dem Leben-Geschäft in der Schweiz sind in den letzten zehn Jahren rückläufig, die Schadenleistungen haben sich jedoch verdoppelt. Parallel dazu droht der Bevölkerung eine höhere Invalidisierungswahrscheinlichkeit. Eine Studie der Boston Consulting Group bemerkt ebenfalls, dass das grösste Sparpotenzial eine Senkung der Leistungsausgaben im Rentenbereich sei. Sozial- und Privatversicherer würden jährlich schweizweit bei Krankheit und Unfall Leistungen von rund 34 Mrd. CHF für die Altersgruppe der 18- bis 65-Jährigen erbringen. Rund 15 Mrd. CHF würden auf Heilungskosten und rund 11 Mrd. CHF auf Rentenleistungen fallen. Ein umfassendes CM dauere durchschnittlich zwischen sechs und zwölf Monaten und koste CHF 10 000 bis 25 000. Im Gegenzug wird in der Studie die Einsparung der durchschnittlichen Rentenhöhe mit CHF 60 000 jährlich angegeben. Wenn die durchschnittliche Restlaufzeit auf 15 Jahre berechnet wird, ist schnell klar, dass sechsstellige Renteneinsparungen die CM-Kosten im Nu aufwiegen (The Boston Consulting Group, 2010: 13,15, 33).

Die Entscheidung, welche Menschen in komplexen Situationen in ein CM-Verfahren aufgenommen werden, entscheiden schlussendlich die Kostenträger.

4.1.3 Die Ressourcen bleiben knapp: Triage im CM

«Ob ein CM lohnt oder nicht, hängt nur davon ab,
ob die CM-Kosten innert kurzer Frist amortisiert werden können.»
Zitat eines CM-Teamleiters

Die Suva (Schweizerische Unfallversicherungsanstalt) wies in den letzten Jahren jährlich die Zahl von jeweils 11 000 Personen mit Schleudertraumata aus und bezahlte in den letzten Jahren 270 Millionen Franken pro Jahr. Das Bundesgericht

---

anstalt) für die Folgen von Schleudertraumata im Jahr 1995 rund 105 Millionen Franken aufwendete und heute (Anmerkung Autorin: 28.07.2007) 236 Millionen Franken oder 125 % Kostensteigerung bezahlt.

setzte am 30. August 2010 ein Signalurteil, als es beschloss, dass Schleudertraumafolgen in der Regel keinen Anspruch auf eine IV-Rente begründen (Urteil 9C_510/3009 vom 30. August 2010; Signalurteil zum Schleudertrauma, NZZ vom 14.09.2010, Nr. 213, S. 13.)

Die in den Jahren zuvor mit CM erfassten HWS-Opfer zeigte Wirkung: Zwischen 2004 und 2006 hat die Zahl der Neurenten infolge eines Schleudertraumas bei der Suva bis zu 20% abgenommen (Parmelin, 2007). Das Bundesgericht hat allerdings 2004 seine Praxis verschärft: Patienten mit Schmerzstörungen ohne körperlich nachweisbare Ursachen bekamen ab diesem Zeitpunkt keine IV-Rente mehr. Seither setzte ein Paradigmawechsel ein, was im August 2010 mittels Bundesgerichtsentscheid dazu führte, dass künftig auch Patienten nach einem Schleudertrauma kein Anrecht mehr auf IV-Leistungen haben (Staubli, 2010).

Unter dem Druck knapper werdender Ressourcen und um Renten zu verhüten, wurden bis dahin die potenziellen HWS-CM-Klienten nach einem Auswahlverfahren aussortiert: die Triage (siehe Kap. 4.2). Da CM als Methode, Renten und somit Kosten einzusparen, ab 1994 Erfolg zeigte, wurde das CM-Angebot für zusätzliche Versichertengruppen, deren Schäden voraussehbar auch eine jahrelange Rente nach sich ziehen würden, ausgeweitet. Der Tenor bei der Auswahl von Klienten für ein CM war und ist bis heute: CM muss sich für den anbietenden Betrieb ökonomisch «lohnen». In den Neunzigerjahren wie heute sind betriebswirtschaftliche Überlegungen die Triebfeder für die meisten Anbieter von CM, nicht nur in der Privatwirtschaft.

4.1.4
Die Nachfrage steigt: Case Managerinnen werden «produziert»

> «Wir setzen uns an die Spitze der Nachfrage.»
> *Zitat eines Soziologieprofessors an einer Fachhochschule, die CM-Weiterbildungen anbietet*

CM boomt, ungebremst bis heute. Der Hauptgrund ist die Angst vor den ausufernden Kosten im Versicherungs-, Sozial- und Gesundheitswesen. CM soll Abhilfe schaffen. Es wird in einer Gesellschaft durchgeführt, die zum Umgang mit der Endlichkeit von Gesundheit, menschlicher und finanzieller Ressourcen, mit Wachstum, Leben und Sterben und der Sinnhaftigkeit des technisch Machbaren bis heute nur zögerlich bis kaum Stellung bezieht.

Ich erwähnte bereits, dass anfangs in aller Eile bei den Versicherern Schadeninspektoren zu Case Managern umfunktioniert wurden. So stand auf deren Visitenkarten die neue Funktion: Case Manager. Diese Rolle behagte nicht allen Auserwählten. Denn CM bezeichnet nur eine Funktion, es ist kein geschützter Beruf oder Titel und in der Schweiz kann sich jeder Case Manager nennen und Case Management anbieten. Einige fanden daher die Bezeichnung eher peinlich, wissend, wer die Anbieter von CM sind und was CM in der Realität dann wirklich beinhaltet. Vorgesetzte schickten ihre neu gekürten Case Manager – im Gegensatz zu heute waren es zahlenmässig ursprünglich mehr Männer als Frauen – in die Weiterbildung. Davon erhofften sich die marktwirtschaftlich orientierten Betriebe neben Renteneinsparungen Marktvorteile bei der Aushandlung von Vertragsabschlüssen mit Grosskunden: «Wir bieten neuerdings CM an. Alle unsere Case Manager weisen einen Fachhochschulabschluss auf.»

Am CM-Boom erfreut sich ungebremst bis heute auch der wettbewerbsorientierte Bildungsmarkt: CM-Weiterbildung ist bei anhaltender Nachfrage ein rentables Geschäft. Anbieter von CM-Weiterbildungen sahen sofort die Bedarfslücke und füllten sie mit Schnellkursen bis hin zu Fachhochschulabschlüssen in CM. Wie in der Versicherungsbranche herrscht auch im Bildungsmarkt Konkurrenzkampf, weshalb es mitunter zu Massenabfertigungen in der CM-Weiterbildung kam und noch kommt. Es gibt so manche Case Managerinnen, die zwar mit Kompetenzen ausgestattet sind, jedoch nicht immer über ausgewiesene Fähigkeiten verfügen, diese anspruchsvolle Arbeit zu übernehmen, so dass sie mitunter überfordert sind, ohne es zu erkennen. Auf der Kostenseite sieht der CM-Teamleiter, dass bei anspruchsvolleren Klientensituationen auch nach langem Tauziehen mitunter CM-Leistungen eingestellt werden müssen, obwohl der Prozess noch nicht abgeschlossen ist. Bei kritischem Hinsehen stellt sich heraus, dass es den jeweiligen Case Managerinnen, trotz eines Fachhochschulabschlusses an sozialer Kompetenz, an der Fähigkeit zur Selbstreflexion oder am ökonomischen Denken gemangelt hatte. Die meisten Anbieter von CM-Weiterbildungen vertreten die Ansicht, dass sich die CM-Kandidaten fehlende Fähigkeiten oder Kompetenzen in anderen Weiterbildungen aneignen sollten (Aussagen eines Soziologieprofessors und einer Soziologieprofessorin an einer Fachhochschule in Luzern, Schweiz, anlässlich der Weiterbildung der Case Managerinnen).

Zum allgemeinen Aufschwung von CM-Angeboten und CM-Weiterbildungen trägt bis heute das Fehlen verbindlicher CM-Standards und ebenso verbindlicher ethischer Richtlinien sowie Kontrollen über deren Einhaltung bei. Derzeit erarbeitet eine Arbeitsgruppe des Netzwerkes Case Management Schweiz ethische Empfehlungen und Standards für CM. Beides sind jedoch (noch) unverbindliche Papiere (Netzwerk Case Management, 30. März 2006: Definition Case Management.) So haben bis heute CM-Anbieter und CM-Weiterbildungs-Anbieter freie Hand bei der Definition der ethischen Grundhaltung im CM. Sie entscheiden über das qualitative Niveau, die Weiterbildungsinhalte und den Weiterbildungsstand der Case Managerinnen. Mit einer mir bekannten Ausnahme bieten heute die Fachhochschulen in der Schweiz, die zahlenmässig die grösste Anzahl Case Managerinnen weiterbilden, kein Ethikmodul in der CM-Weiterbildung an. Dies ermöglicht es den CM-anbietenden Betrieben, die CM-Ziele in Abstimmung mit ihren eigenen (betriebswirtschaftlichen) Bedürfnissen festzulegen. Die Ziele widersprechen oft den volkswirtschaftlichen Zielen und denen aus der Lehrbuchtheorie im CM.

4.2 Das Regelkreismodell und die Realität

> «Wenn man weit unten ist, hat man zwei Möglichkeiten: Man geht zum Psychiater oder zum Case Manager. CM war das richtige Werkzeug. Mehr nicht.»
> *Zitat eines ehemaligen CM-Klienten.*

Die schwierige Lebenssituation von Menschen, die auch ihr Umfeld, verschiedene Institutionen und die Gesellschaft belastet, soll im CM-Prozess nach Managementmethoden angegangen werden, um die Probleme effizient und wirtschaftlich lösen zu können. Dazu dient auf der Klientenebene das klassische Regelkreismodell als Werkzeug für die Prozessumsetzung. Die theoretische Ebene dieser Verfahrensschritte von CM wurde bereits in Kapitel 3.3 beschrieben. Sie erfahren nun, wie die Umsetzung dieser Prozessschritte in die Praxis auf der Klientenebene aussieht und wo es in der Realität problematisch wird.

4.2.1 Zentrum: KlientIn

> «Klientinnen stehen im Mittelpunkt – diesen Satz unterstreichen hier wohl alle!»
> *Zitat des Moderators einer CM-Tagung*

Im Zentrum des Modells und der Theorie steht der Klient. Er wird laut Lehrbuch «in die Entscheidungsprozesse als Kontraktpartner (Vertragspartner) mit einbezogen (Partizipation)» (Netzwerk Case Management, 30. März 2006: 2).

In der Praxis beginnt das Verfahren aber ohne Klienten. Ein CM-Verfahren wird derzeit nur ausnahmsweise durch den Klienten selbst finanziert. Üblich ist, dass Arbeitgeber, die Versicherer oder öffentliche Institutionen als CM-Anbieter die Kosten übernehmen, unabhängig davon, ob sie selbst Anbieter sind oder die Ausführung Dritten (z.B. einem privaten CM-Anbieter) überlassen. Es ist eine Bonus-Leistung für den Klienten, denn es gibt kein Recht auf CM: CM ist keine gesetzliche Pflichtleistung.

4.2.2 Ökonomische Triage: Ressourcen

> «CM, welches als oberstes Ziel nicht in erster Linie auf die Kostenreduktion abzielt, ist ganz klar kein CM, sonst haben die Kursteilnehmer nichts begriffen!»

Argumentation im Zusammenhang mit der ökonomischen Triage, ausgesprochen von einem CM-Dozenten und Soziologieprofessor an einer Fachhochschule

Es liegt auf der Hand, dass wer zahlt, auch fragt wofür – eine einfache Kosten-Nutzen-Analyse. Bevor dem Klienten also das CM-Verfahren offeriert wird, muss der Anbieter sicher sein, dass CM sich für ihn «rechnet». Es soll seine ökonomischen Bedürfnisse befriedigen. Anlässlich einer CM-Tagung stellt Rainer Hartmann vom Bundesamt für Sozialversicherungen in einem Vortrag fest, dass CM als Investition koste und deshalb einen *return* (Nutzen) bringen solle, was zur Frage führe: «Wo lohnt sich die Investition – wo nicht?» (Hartmann, 2009: Folie 4). Hartmann hält übrigens anschliessend gleich fest, dass damit zwingend eine ethische Fragestellung verbunden sei. Üblicherweise wird der ökonomische Nutzen von CM für den eigenen Betrieb berechnet. Deshalb ist derzeit CM den wenigsten potenziellen Klienten zugänglich – Bedarf hin oder her. Damit entscheidet sich, wer CM erhält: Es sind Klienten, bei denen, wirtschaftlich gesprochen, sehr hohe Kosteneinsparungen abschätzbar sind. In der Privatversicherung geht es dabei um sechsstellige Zahlen. Bei einer solchen Grundhaltung, die wohlgemerkt eine Folge des Spardruckes ist, gilt das Prinzip der Auswahl der Klienten mit den meisten Ressourcen.

Um die CM-Klienten mit den meisten und optimalen Ressourcen ausfindig zu machen, bedient sich CM eines Ausleseverfahrens, der sog. Triage. Die Triage ist kein offizieller Schritt im CM-Regelkreis-Modell. Abbildung 3 zeigt das Regelkreismodell mit Triage, als dem eigentlich ersten Verfahrensschritt.

In der Praxis handelt es sich bei der Triage im CM um die betriebswirtschaftliche Triage, in der Branche spricht man von «ökonomischer Triage».

Der Begriff «Triage», französisch vom Verb *trier* meint «sortieren» oder «einteilen». Die Triage ist ein Auswahlprozess. Es gibt Unterschiede zwischen der Triage in der Medizin und der ökonomischen Triage im CM:

Bei der Triage in der Medizin geht es um das Sortieren nach Dringlichkeit. Die Triage wird eingesetzt bei Schadensereignissen mit einer grossen Anzahl von Erkrankten und Verletzten. Die Maxime ist, Leben zu erhalten, weshalb die Bedürftigen nach Dringlichkeit gesichtet werden. Denn die vorhandenen, aber beschränkten Ressourcen sollen so eingesetzt werden, dass die notwendige Hilfe eine möglichst grosse Zahl von Patienten erreicht. Dabei kann es wegen Ressourcenknappheit vorkommen, dass Schwerkranke oder Verletzte mit der geringsten Aussicht auf Überleben nicht behandelt werden können zu Gunsten der andern Bedürftigen, die bessere Überlebenschancen haben. Im Zentrum steht die Not der Erkrankten oder Verletzten.

Die verantwortungsvolle Sichtung der Patienten nach Kriterien ist die Aufgabe des leitenden Notarztes.

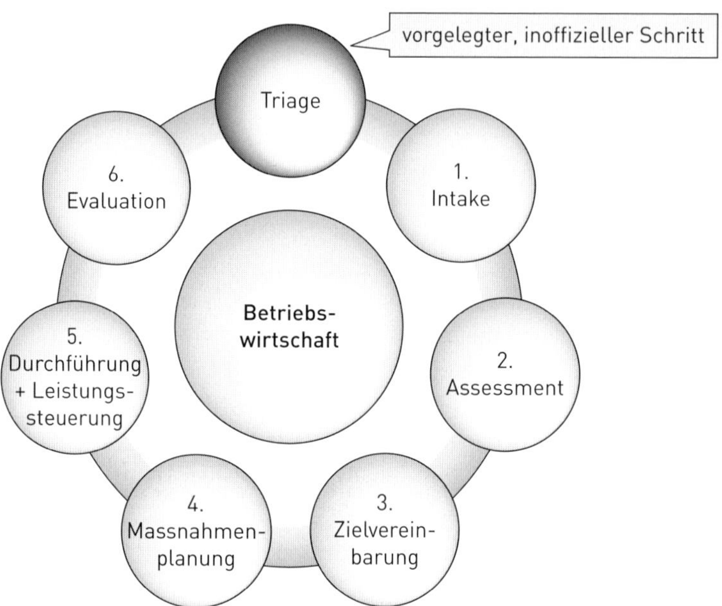

Abbildung 3: Regelkreismodell in der Praxis: Triage als erster, vorgelagerter Verfahrensschritt.

Bei der Triage in der Betriebswirtschaft und im CM geht es wie in der Medizin um die Annahme, dass Güter knapp sind. Es sollen dort Kosten eingespart werden, wo es sich lohnt, respektive keine Ressourcen bereitgestellt werden, wo es sich, betriebswirtschaftlich gesehen, nicht lohnt.

Die Triage im CM ist Standard, auch in vielen (aber nicht allen) Sozialämtern. Sie erfolgt nach betriebswirtschaftlichen Überlegungen und aus der Maxime, die eigenen Ressourcen mittels der ökonomischen Triage optimal zu schonen. In der Praxis stellt man den CM-Preis oder den Aufwand sowie die voraussichtlich eingesparten Rentenkosten eines potenziellen CM-Klienten seinen Reintegrationsfaktoren gegenüber: Was überwiegt, Erfolgsfaktoren oder Hindernisse? (Mehr zu den Kriterien für ein CM-Verfahren in Kap. 4.2.3). Wo aus dieser Optik triagiert wird (triagiert werden muss), führt es zu Ungleichbehandlung ähnlicher Klientensituationen. Trotzdem besteht kein Verzicht auf die ökonomische Triage aufgrund eines Gewissenskonflikts. Der Druck zur Senkung von Rentenkosten oder zu knapper Ressourcen für die Durchführung von CM rechtfertigen die ökonomische Triage.

Die Triage der potenziellen CM-Klienten erfolgt durch Vorgaben aus dem Management des CM-Anbieters.

Die Entscheidungen bei der Triage im CM sind – bewusst oder unbewusst – auch Entscheidungen über das weitere Schicksal der triagierten Personen und betreffen immer den Menschen und sein Umfeld. Die Triage kann die Verantwortlichen enorm belasten. Im CM bedeutet Triage nämlich: Die Klienten mit den schlechtesten Ressourcen erhalten kein CM und damit auch nicht die auf deren komplexe Situation individuell angepassten Hilfeleistungen. Sie erwartet dasselbe Schicksal wie die Menschen ohne komplexe Situation: «Bei einem ‹einfachen› Fall übernehmen Sachbearbeiter oder Schadeninspektoren die Abwicklung der Leistungszahlungen (einfache Schadenbearbeitung). Nach der Genesung sollte einer beruflichen Reintegration nichts im Wege stehen.» (The Boston Consulting Group 2010: 21).

Mit der Triage in der Medizin ist die ökonomische CM-Triage ihrem Wesen nach nicht zu vergleichen. Die Triage findet übrigens nicht nur bei Privatversicherern statt, denen gerne der «Schwarze Peter» zugespielt wird, sondern auch bei Sozialversicherern und in gewissen Sozialämtern.

Ich gehe hier so ausführlich auf die ökonomische Triage im CM ein, weil sich in diesem inoffiziellen Verfahrensschritt die Theorie und die Praxis krass widersprechen. In den anschliessend folgenden Prozessschritten werden Sie bemerken, wie die ökonomische Triage nachhaltig volkswirtschaftliche Folgekosten produziert, also die Verluste sozialisiert. Diese Zusammenhänge sind übrigens vielen Angestellten, die aus ökonomischer Sicht für ihren Betrieb triagieren (müssen) oder nach vorgegebenen ökonomischen Zielen für das CM ihres Betriebes arbeiten, nur vage bewusst.

Ich wiederhole: Es gibt derzeit ein Gebot der Klientenauslese im CM: Es wird ausschliesslich bei den ökonomisch erfolgsversprechenden Klienten oder bei den mit dem grössten Imagegewinn für den Betrieb durchgeführt. Die Massnahmen für das Angehen der Probleme und die damit verbundenen Kosten für die «anderen» – für die bedürftigen CM-Klienten, die aus einem bestehenden CM austriagiert wurden – werden nach Möglichkeit und nach dem Prinzip «den Letzten beissen die Hunde» an andere Institutionen delegiert. Dieses Vorgehen kennen wir aus anderen Bereichen einer Gesellschaft, die nur noch die Kosten im Blick hat und leicht in Gefahr läuft, die wirklich Bedürftigen aus dem Blick zu verlieren.

Im CM wird dem Klienten theoretisch CM angeboten, was in der Praxis Laien (und das sind die Klienten meistens) darüber hinwegtäuscht, dass das CM-Angebot erst nach einer zielgerichteten ökonomischen Selektion stattfindet. Sie dient der Kostenreduktion und der Schadenaufwandminderung für die eigene Institution. Der inoffizielle Kriterienkatalog, der Ihnen gleich vorgestellt wird, spricht eine unmissverständliche Sprache: Aus Kostengründen bleibt CM einer sehr kleinen Personengruppe vorbehalten.

4.2.3 Auslesekriterien

> «Was ist an der ökonomischen Triage so schlecht?
> Das muss ja sein, alles andere ist doch nur Sozialromantik.»
> *Zitat eines Unternehmers*

Die Schadenhöhe ist das Hauptkriterium für den ökonomischen Nutzen eines CMs, parallel dazu die Einkommenshöhe des potenziellen CM-Klienten. CM stellt Kosteneinsparungen vor allem bei schweren Körperverletzungen nach Unfällen in Aussicht, weil Unfälle umfassender, mit höheren Leistungen versichert sind als Krankheiten. Für ein CM wird gesucht nach Klienten mit einem Schädelhirntrauma (z. B. nach einem Velo- oder Motorradunfall), mit Schädelfrakturen, mit Amputationen, mit andern Frakturen (Becken), mit Schädigungen an der Halswirbelsäule und den Gelenken sowie nach Menschen mit einem sog. Burn-out).

Und so sieht die Praxis der ökonomischen Triage aus: Der CM-Anbieter hat ein System zur systematischen Selektion entwickelt. Dank einer Grobeinschätzung auf der Basis rudimentärer Daten prüft er potenzielle CM-Klienten. Das System wertet auf der Grundlage von Regeln und Algorithmen intelligent Daten aus, die

Blatt: «Zeitgerechte Prüfung ist wichtigster Bestandteil der Triage».

Dimension	Elemente
Medizinische Aspekte	Krankheit/Krankheitsgeschichte Dauer der Arbeitsunfähigkeit
Berufliche Aspekte	Arbeitsverhältnis Wiedereingliederung vs. Umschulung **Einkommen** Ausbildung Doppelbelastung (Familie/Beruf)
Soziale Aspekte	Alter Geschlecht Familienumfeld Kulturkreis Netzwerk Sprachkenntnisse
Finanzielle Aspekte	**Schadensumme** Erhofftes Einsparpotenzial
Weitere Aspekte	Kombinationsfall, d. h.: bestehen Kranken-/Unfallversicherung, Haftpflicht oder berufliche Vorsorge beim gleichen Versicherer?

so hohe Quoten von Case Management-Zuweisungen als möglich erbringen (The Boston Consulting Group, 2010: 21). Für die Sichtung von geeigneten CM-Klienten gibt es im Voraus ganz bestimmte Auslesekriterien. Diese setzen sich üblicherweise aus einem Punktesystem zusammen und sind im Detail der Öffentlichkeit nicht zugänglich, in der CM-Branche aber wohlbekannt (Keller, 2010).

Die nach Schema mit Punkten bewerteten Auslesekriterien beziehen sich z. B. auf das Alter, den AHV-Lohn, das Arbeitsverhältnis, die Stellung (ob gekündigt oder ungekündigt), die Dauer der Arbeitsunfähigkeit und die Muttersprache. Das Total der möglichen Punkte gibt somit Auskunft über die vorhandenen oder fehlenden Ressourcen des potenziellen Klienten. Über je mehr Ressourcen der Klient verfügt, desto grösser sind seine Chancen auf ein CM-Verfahren. Aus der bereits mehrfach erwähnten Studie der Boston Consulting Group stammen folgende Informationen (The Boston Consulting Group, 2010: 37, 38):

Blatt: «Grundstein für gegenseitiges Vertrauen wird im ersten individuellen Beratungsgespräch gelegt»

Dimension	Kandidat mit hohen Ressourcen	Kandidat mit Ressourcenschwächen	Kandidat mit langfristig geringen Ressourcen
Materielle Situation	Einnahmelücken	Phase mit Ersatzeinkommen	Langfristiges Ersatzeinkommen, Rente, Schulden
Soziales Umfeld	Teilhabe an sozialen und kulturellen Netzen	Partielle Abkopplung	Abkopplung/ Entwurzelung
Psychische/ somatische Gesundheit	Psychisch und somatisch gesund	Krankheitssymptome	Psychische und/ oder somatische Krankheiten
Versicherungsrechtlicher Kontext	Klare versicherungsrechtliche Situation	Versicherungssituation in Abklärung	Unklare Situation, keine Stellungnahme seitens Sozialversicherer
Motivation und Zukunftsvorstellungen	Intakter Lebensentwurf	Bruchstellen im Lebensentwurf	Entleerter, zirkulärer Lebensentwurf
Ausbildung und Erfahrung	Passende Ausbildung, Berufs- und Arbeitserfahrung	Ausbildungs- und Erfahrungslücken in Arbeitsfeldern	Passende Ausbildung und Erfahrungen fehlen

Gesuchte Ressourcen in der Praxis – je nach Anbieter

Gesucht wird also nach optimalen Ressourcen bei Menschen, welche Hilfe bei der Reintegration benötigen und keine Probleme in der Sprache oder im Verhalten aufweisen und ohne soziale Defizite sind. Das bevorzugte Alter liegt unter 45 Jahren, weil bessere Reintegrationschancen in den Arbeitsmarkt vorliegen. Betroffene unter 50 Jahren mit unfallbedingten Verletzungen des Gehirns und mit einem Bedarf nach einer neurologischen Rehabilitation erhalten beispielsweise CM und einen Rehabilitationsplatz zugewiesen. Betroffene mit demselben Krankheitsbild, aber älter als 50 Jahre, werden für CM-Leistungen auf eine Warteliste gesetzt. Der Grund dafür sind die wahrscheinlich besseren Heilungschancen oder das höhere Renteneinsparpotenzial bei jüngeren Unfallopfern.

Als weitere Ressourcen gelten: ein solider beruflicher Hintergrund – der potenzielle Klient weist eine Ausbildung vor und steht in einem nicht gekündigten Arbeitsverhältnis – und ein positives soziales Umfeld mit wenig Komplikationspotential. Belastung und Vermittelbarkeit sind beispielsweise erschwert durch eine Scheidungssituation, weil die Versicherte eine alleinerziehende Mutter ist oder bei Menschen mit psychischen Problemen, einem geringen Bildungsstand oder einer Migrantensituation. Auch länger andauernde Arbeitslosigkeit oder versteckte Suchtprobleme erschweren eine Wiedereingliederung. Der potenzielle CM-Klient weist optimale kulturelle Gegebenheiten auf und ist, wenn überhaupt, nur beschränkte Zeit Sozialhilfebezüger etc.

Gewisse Sozialämter beurteilen «den Fall» bezüglich seines Integrationspotentials. Versicherer triagieren in erster Linie nach der Höhe der Schadensumme und in der Realität ist diese mindestens sechsstellig. Kommen Leistungen des BVG-Versicherers (berufliche Vorsorge, sog. Pensionskasse) hinzu, kann die Schadensumme dann schnell einmal eine Million Franken (= 773 036.– Euro, Stand vom 18. Februar 2011) oder darüber betragen. Bei den Krankenkassen ist das wichtigste Triagekriterium eine hohe Krankentaggeldversicherung. Zwei Versicherte mit derselben Erkrankung, die voraussehbar ähnliche Folgen aufweist, haben nicht dieselbe Chance, ins CM-Verfahren aufgenommen zu werden, wenn ihre Krankentaggeldversicherung unterschiedlich hoch ist. Wer draussen bleibt, ist nicht eine Folge der Willkür oder des Zufalls, sondern einer systematisierten, affektlosen Planung in einem System betriebswirtschaftlicher Kennzahlen.

Es gibt zudem Ausschlusskriterien für ein CM, die nirgendwo verzeichnet sind, in der Praxis aber laufend Anwendung finden: Absolut unbeliebt oder gar nicht ins CM-Verfahren aufgenommen werden Klienten, die nur in Anwesenheit ihres Anwaltes auftreten oder verhandeln. Gewisse Anwälte wünschen für ihre Klienten CM, weil während des CM-Prozesses üblicherweise rechtliche Fragen ausgeklammert werden. In dieser Zeit gewinnen Klient und Anwalt Zeit. Dies ermöglicht ihnen unter Umständen, höheren Schadenersatz geltend zu machen. Ebenfalls nicht aufgenommen werden Menschen, die in einem schwierigen sozialen Umfeld leben. Als Beispiel sei hier eine Unfallpatientin mit einer dürftigen bis mangelnden Berufsausbildung und unsicheren Anstellung genannt, die mit einem arbeitslosen Mann aus einem (Zitat einer Case Managerin) «Kulturkreis mit Kriegserfahrung» verheiratet ist.

Die Case Managerinnen haben genaue Vorgaben, was die ökonomischen Ziele des CMs anbelangt, z. B. dass sie pro Jahr eine Viertelmillion Franken Einsparungen erwirtschaften müssen. Realität in vielen CM-Teams ist auch, dass diese Zielerreichung mit der Bonushöhe verknüpft ist. Case Managerinnen, welche mit Details über die ökonomischen Ziele an die Öffentlichkeit gehen, sind eher die Ausnahme (Minor, 2009).

Die ökonomische Triage, deren langfristige menschliche und volkswirtschaftliche Konsequenzen Ihnen in den Prozessschritten begegnen werden – Kostenumwälzung und -zuwachs, Aushöhlen der Ressourcen – stimmt nachdenklich, ebenso die stillschweigende Übereinkunft, mit der die verdeckte Rationierung von den CM-Anbietern bis hin in die Politik geduldet wird und als Usus anerkannt ist. Kurzfristige Unwirtschaftlichkeit als Ausschlusskriterium im CM führt dazu, dass besonders bedürftige Klientengruppen, z. B. alte und kranke Mitarbeiter, Invalide oder Chronischkranke, ungeschützt sind. Die Frage nach gerechterer Verteilung drängt sich auf. Menschen ohne Hoffnung auf Heilung und ohne Aussicht, wirtschaftlichen Gewinn abzuwerfen, werden nach der ökonomischen Triage nicht nur kein CM-Verfahren erhalten. In den wenigsten Situationen wird ihnen als Ersatz eine gleichwertige Begleitung für das Angehen oder Aufarbeiten ihrer Schwierigkeiten geboten. Ihre problematische Situation «kostet» also weiterhin und wird die Ressourcen der Gesellschaft künftig auch weiter belasten.

Heute bieten die meisten Versicherer und Krankenkassen in der Schweiz CM an: Axa Winterthur, Basler, IV, Mobiliar, Suva, Zürich; Concordia, CSS, Innova, Helsana, Sanitas, Swica, Sympany, Visana etc. Nicht überall, wo das CM-Angebot nach aussen angepriesen wird, lohnt es für den Versicherer, CM durch das eigene Personal abzudecken. Da CM als Verkaufsargument gegenüber der Konkurrenz aber immer bedeutender wird, kauft der Versicherer das nur auf dem Papier vorhandene und dem Kunden angepriesene CM als CM-Produkt eben ein. Dort, wo CM keinen quantifizierbaren Nutzen erbringt, wird CM für folgende Ziele eingesetzt:

- Imagegewinn durch «unser Qualitätsprodukt CM»
- als Verkaufsargument für weitere Versicherungsprodukte
- zur Kundenbindung bei Grosskunden mit Kollektivvertrag

Es gibt allerdings auch Ausnahmen, welche CM standardmässig allen bedürftigen Klienten zukommen lässt, z. B. das Drogenforum Innerschweiz. Dann ist beispielsweise noch das Sozialgesetz (SG) vom 31. Januar 2007 im Kanton Solothurn zu nennen. Es regelt im § 48 «Institutionelle Zusammenarbeit» – erstmalig in der Schweiz –, wie über interinstitutionelle Zusammenarbeit von Kanton, Einwohnergemeinden und Sozialversicherungsträgerinnen gemeinsame Anlaufstellen und eine Institution zur Fallführung (Case Management) eingerichtet werden, um soziale Aufgaben zu erfüllen.

Nachdem gänzlich ohne das Zutun oder gar Wissen des Versicherten auf Grund seiner Ressourcen die Chancen von Kosteneinsparungen mittels seiner Eingliederung mit CM ausfindig gemacht wurden, kommt es zum internen Entscheid: Dem Klienten wird ein CM-Verfahren angeboten. Es kommt zur Kontaktaufnahme mit ihm und somit erst dann zum ersten (offiziellen) – tatsächlich aber zweiten – Verfahrensschritt, dem Intake.

4.2.4 Verfahrensschritte

Intake

> «Der Case Manager hat mich angeschaut und gesagt, das krieg ich wieder hin.»
> *Zitat einer ehemaligen CM-Klientin*

Im Intake geht es um die Aufnahmeklärung zwischen Klienten und der Case Managerin. Der Klient wird für die Mitarbeit gewonnen (Netzwerk Case Management Schweiz, 2006: 5). Nach seiner Zusage unterschreiben Anbieter und Klient einen Vertrag, denn die meisten CM-Anbieter arbeiten auf Grundlage einer vertraglichen Vereinbarung zwischen Klient und CM-Anbieter.

Wie die Kriterienliste für die Triage sind Vertragsvereinbarungen im CM offiziell kaum zugänglich. Der CM-Anbieter will die grundlegende Unterstützung verbindlich machen. Es geht vordergründig um das Wohl des Menschen. In der Praxis braucht es aber den ausgewählten Klienten fürs CM, da seine Problemlösung laut der ökonomischen Triage den Bedarf des CM-Anbieters nach Kostenlenkung und -senkung befriedigen soll. Eine Ablehnung des Verfahrens durch einen auserwählten, potenziellen CM-Klienten stellt deshalb den CM-Anbieter vor Probleme. Die Erwartung an die Case Managerin ist eindeutig: Sie muss den Wunschklienten zur Einlenkung «gewinnen», wie es in der Theorie heisst.

In der Praxis steht sie in dieser Situation unter enormem Druck. Zur Not klärt sie den Versicherten über die gesetzliche Schadenminderungspflicht sowie Auskunfts- und Mitwirkungspflicht auf und über die Zumutbarkeit der aktiven Zusammenarbeit im CM-Prozess. Lehnt der Klient weiterhin ab, kann es zu einem

Eintrag in sein Dossier kommen («Frau Müller hält an einer Rentenforderung fest und konnte nicht eingegliedert werden»). Oder es kann Kürzungen von Leistungen nach sich ziehen. Für die Case Managerin kann die Ablehnung einen persönlichen Misserfolg bedeuten, verbunden mit wirtschaftlichen Folgen (Bonuskürzung). Im Intake hat die Case Managerin also jedes Interesse, den ihr zugewiesenen Klienten dem weiteren Verfahren zuzuführen.

Assessment

> «Die Krise ist ein ungemein produktiver Zustand. Man muss ihm nur den Beigeschmack der Katastrophe nehmen.»
> *Max Frisch, Schweizer Schriftsteller und Architekt (1911–1991)*

Nach der erfolgten Aufnahme ins CM geht es im Assessment um die Erfassung der Ausgangssituation, um die Klärung der Ressourcen und Probleme und um die Bedarfseinschätzung: Die Bedürfnisse des Klienten sollen den Ausgangspunkt für das Aushandeln des Bedarfs bilden (Netzwerk Case Management Schweiz, 2006: 6).

In der Praxis stehen sowohl Klient und sein Umfeld als auch mitbetroffene Angestellte aus verschiedenen Institutionen unter Druck: Die wirtschaftlichen, sozialen, pflegerischen, medizinischen oder psychologischen Probleme, die die komplexe Klientensituation bei allen auslöst, belasten ja auch die Ressourcen (Zeit, Personal, Finanzen) aller. Jede beteiligte Person aus dem persönlichen Umfeld und aus den betroffenen Institutionen will natürlich die eigenen Ressourcen schonen. Werden an dieser Stelle nur die Schwierigkeiten und Ressourcen des Klienten erfasst und nicht auch die Probleme und der Bedarf der ebenfalls betroffenen Mitbeteiligten, so ist ein solches einseitig aufgenommenes Assessment zum Scheitern verurteilt, weil es wichtige Ansprüche der anderen und ebenfalls gleichberechtigten Beteiligten von vorneherein ausklammert. Dem Klienten ist dann nicht klar, dass er sich in diesem Spannungsfeld bewegt, dass Angehörige und Leistungserbringer Ansprüche an ihn stellen, dass Medizin und das Leben ihre Grenzen haben, dass Ressourcen von Umfeld und Leistungsfinanzierenden begrenzt sind etc. In den nächsten Schritten, bei der Zielfestlegung und beim Aushandeln des Bedarfs, werden die solchermassen Übergangenen ihren eigenen Bedarf anmelden oder stillschweigend den CM-Prozess lahmlegen (boykottieren). Weil das Verfahren unter falschen, undurchsichtigen Voraussetzungen und unausgesprochenen Erwartungen begonnen wurde, kommt es zu einem grösseren Zeitaufwand. Dieser verteuert das weitere Verfahren durch Mehrkosten. Auf diese Spannungsfelder geht Kapitel 4.3. ein.

Zielvereinbarung

«Ohne CM wär ich nur Geld bei der Sozialhilfe holen gegangen. Mit CM sagte ich mir, ich finanziere mir eben meine Zukunft. So konnte ich es annehmen.»
Zitat eines ehemaligen CM-Klienten

In der anschliessenden Zielvereinbarung legen die Case Managerin und die weiteren Beteiligten die Ziele und den Zeitraum zu ihrer Erreichung fest, wobei dem Klienten eine partizipative Rolle zusteht. In der Wirklichkeit bedeutet dies, dass der Klient «einbezogen» wird. Üblicherweise unterschreiben die CM-Anbieter und die Klienten die Zielvereinbarung gemeinsam.

Im Praxisalltag stehen aber (vgl. Kap. 4.1.3) die grossen Ziele bereits fest, bevor es überhaupt zur Klientenauswahl kommt: Kostenlenkung und -senkung. Intransparente, aber durchaus gängige Ziele können auch lauten: Kundenzuwachs beim Versicherer, wobei CM Teil des Marketings darstellt oder Beliebtheitssteigerung beim Politiker, wobei CM als populäre Massnahme in der Wahlstrategie dienen soll. So können sich die Ziele unter den Beteiligten und zwischen den drei Ebenen widersprechen, was in der CM-Realität Alltag ist, vor allem wenn vom Klienten bis in die Gesellschaft unausgesprochene und tabuisierte psychologische oder wirtschaftliche Eigeninteressen anstehen. Ebenfalls von Einfluss bei der Zielbestimmung, wenn auch nur in Haltung und Qualität bemerkbar, ist der berufliche Hintergrund der Case Managerin. Auch die fehlenden verbindlichen Standards und ethischen Richtlinien in der Branche spielen eine Rolle. Ob es sich beim CM-Anbieter um ein privatwirtschaftliches Unternehmen oder um eine staatliche Institution handelt, ist ebenfalls entscheidend. Solche Umstände beeinflussen die Wahl der vorgeschlagenen Ziele wesentlich.

Zielfestlegung bedeutet schlussendlich: Wer CM anbietet und finanziert, will jetzt den wirtschaftlichen Nutzen, den *return,* in den Zielen planen. Je nach Spardruck, unter dem die CM anbietende Institution steht, und je nach dem Zeitrahmen für die Ausweisung von Erfolgen – Quartal, Jahr, drei Jahre – sowie je nach verfolgtem Interesse entstehen schon bei der Zielvereinbarung die Folgekosten für die anderen Institutionen. Auch die Kostenumwälzung auf die Gesellschaft wird bereits programmiert.

Massnahmenplanung

«Ich sage dem Klienten: ‹Wir bezahlen Ihnen ein Wellness-Wochenende.› Wir sollen sparen. Also kommt uns dies billiger zu stehen als eine ärztlich verordnete Rehabilitation. Und der Kunde ist zusätzlich motiviert. Was wollen wir noch mehr?!»
Zitat einer CM-Teamleiterin

Anlässlich der Massnahmenplanung legen die Beteiligten die Massnahmen fest. Diese berücksichtigen die Partizipation des Klienten und die Kontextbedingungen, d.h. Einschränkungen bzw. Optionen im Umfeld und Versorgungssystem (Ressourcenorientierung) (Netzwerk Case Management, 30. März 2006: 6).

Im CM-Alltag leiten sich die Einschränkungen bzw. Optionen aus den übergeordneten Zielen und dem Angebot an den Ressourcen Personal, Finanzen der eigenen oder der übergeordneten Ebene ab.

Dies bedeutet: Der angesteuerte *return* als Auslöser beeinflusst nicht nur die Zielbestimmung, die je nach Institution für das CM angestrebt wird, sondern unter Umständen auch die Massnahmenwahl, was nicht gleichbedeutend ist mit der Massnahmenplanung. Der Kostendruck des jeweiligen CM-Anbieters – steuerfinanziertes politisches Pilot-Projekt oder kostenorientiertes CM eines Versicherers – beeinflusst die Massnahmenwahl. Auch müssen die Massnahmen wirtschaftlich sein und zwar innerhalb eines dem Anbieter wichtigen Zeitraums (Quartal, in der Regel sechs bis zwölf Monate, fünf Jahre sind eher selten). Auch das beeinflusst klar die Wahl der Massnahmen.

Durchführung und Leistungssteuerung

> «Wenn die Wurzeln tief sind, braucht man den Wind nicht zu fürchten.»
> *Chinesisches Sprichwort*

Die Case Managerin organisiert, verknüpft, steuert und kontrolliert die Umsetzung der zu erbringenden Leistungen. Sie ist verantwortlich für «(…) einen kontinuierlichen, fallspezifischen und fallübergreifenden Austausch der Fallbeteiligten» (Netzwerk Case Management Schweiz 2006: 9).

Die Organisation der Leistungssteuerung und -koordination ist eine dankbare Aufgabe. In der Praxis steht oder fällt jedoch dieser Schritt je nach Tabus und Bedingungen rund um das CM. Diese bestimmen schlussendlich wesentlich mit, ob die innere Annahme des CM-Prozesses durch die Beteiligten die zügige Durchführung ermöglicht oder ob der Klient, die Menschen aus seinem Umfeld bis hin zu den Leistungserbringenden oder sogar der CM-Anbieter, den CM-Prozess bremsen, behindern oder gar boykottieren. Kann sich nicht jeder Mitbeteiligte in den Zielen wiedererkennen, ergeben sie für ihn keinen Sinn. Fehlt es gar an Ressourcen für die Leistungserbringung, so können Leistungen, statt durchgeführt zu werden, wegfallen, was wiederum den Prozess verteuern wird. Wo die Kommunikation nicht von Anfang an wahrhaftig war, trotz «kontinuierlichem Austausch unter der Fallbeteiligten», bleibt die Case Managerin in der Rolle der hilflosen Organisatorin stecken, was wiederum den CM-Prozess bremst und verteuert.

Evaluation

> «Da gibt es den Ängstlichen, der unter sein Bett schaut, und den Ängstlichen, der sich nicht einmal traut, unter sein Bett zu schauen.»
> *Jules Renard, französischer Schriftsteller (1864–1910)*

In der Evaluation geht es um die Auswertung von Daten, Zielen und Prozessen. Wichtig sind immer die sogenannte Klientenzufriedenheit, die Kostenkontrolle der erbrachten Leistungen und ein Vergleich mit den erzielten Wirkungen (Netzwerk Case Management Schweiz 2006: 10). Es ist unüblich, eine längerfristige Auswertung der erzielten Ergebnisse und Kosten vorzunehmen, also nach einem, zwei oder fünf Jahren nachzuforschen, ob die einstigen Probleme auch auf längere Dauer und für alle drei Prozessebenen gelöst wurden.

Ich halte es für wichtig, die langfristigen Ergebnisse künftig auch in den CM-Prozess einzubeziehen, ebenso wie die tatsächlichen wirtschaftlichen Folgen für jede der drei Ebenen.

Mir sind keine Auswertungen bekannt, die die menschlichen und ökonomischen Auswirkungen der Triage, des inoffiziellen ersten Schrittes, evaluieren: Wie lauten die Folgen für die potenziellen, aber abgelehnten CM-Klienten, für ihre Umgebung, ihren Betrieb und für die Gesellschaft? Wurden die Klienten weitergereicht von einer Institution zur nächsten? Kam es zum Drehtüreffekt und somit zu Folgekosten für die Gesellschaft?

Lieber wird die sogenannte Klientenzufriedenheit ausgewertet, z. B. ob die Case Managerin adrett war, die Leistungen den Bedürfnissen entsprachen und der Rehabilitationsort wunschgemäss war (in den Jura statt ins vernebelte Flachland).

4.3 Warum es nicht klappt: Spannungsfelder und Beteiligte

> «Wer nicht weiss, dass er eine Maske trägt, der trägt sie am vollkommensten.»
> *Theodor Fontane, Schriftsteller (1819–1898)*

Die Beteiligten aller Ebenen bewegen sich in der Praxis in einem Spannungsfeld widerstreitender Interessen. Dieses reicht von Beeinflussung über Beschränkung bis hin zu Verunmöglichung. Weil in der Theorie diese Realität nicht einbezogen ist, kann das heute praktizierte Case Management nicht funktionieren. Das Ziel einer Problemlösung auf allen drei Ebenen ist nicht zu erreichen. Schauen wir uns die Beteiligten auf den drei Ebenen an.

4.3.1
Spannungsfeld Mikroebene: Patient/Klient und Case Managerin

Patient/Klient

Laut Regelkreismodell steht dem Klienten die Rolle des Partizipierenden, des Einbezogenen zu. Entsprechende CM-Flyerinhalte, versehen mit allerlei vollmundiger Kommunikation, unterstützen den Klienten in der Auffassung, dass er im Zentrum der Bemühungen steht.

Trotz dieser «privilegierten» Rolle begreift der Klient bald einmal, dass er zwar einbezogen, nicht aber der im Endeffekt Entscheidende ist, wenn es um die Zielfestlegung oder um die Wahl der Massnahmen geht. Vor allem nicht, wenn er und die Beteiligten sich untereinander nicht einig sind. Zudem erlebt er im Assessment, dass die Zielbestimmung ja bereits feststeht. So entsteht in der Praxis bei der partizipierenden Patientenrolle schon auf der Mikroebene folgendes Spannungsfeld:

Wenn sich der Klient im Zentrum des CM-Verfahrens fühlt, entwickelt sich bei ihm eine entsprechende Erwartungshaltung – CM als Möglichkeit seiner Bedürfnisbefriedigung. Aber: Es geht um die Bedarfsbefriedigung. Eine typische Konstellation dafür ist eine Erkrankung oder ein Unfall vor dem Hintergrund einer schwierigen Lebens- oder Arbeitssituation des Klienten. In der Rente kann der Klient eine Chance erblicken, um seine Schwierigkeiten (wenigstens symptomatisch) los zu werden. Die partizipative Klientenrolle, verbunden mit einer Konsumentenhaltung und einer CM-Nutzungspflicht kann verhindern, dass Klienten Selbstreflexion leisten, Eigenverantwortung übernehmen und selbstständig handeln. Eine typische Aussage: «Das müsst ihr sagen, wie es gehen soll. Ich weiss das auch nicht. Zudem fehlt mir die Kraft dazu.»

Wie die anderen Beteiligten im System weiss auch der Klient genau, was er will, und kann ebenfalls Eigeninteressen verfolgen. Selbst seine Zustimmung zu CM mitsamt Unterzeichnung der entsprechenden Vertragsvereinbarung garantiert nicht, dass er sich innerlich auf den Prozess eingelassen hat. Diese Gefahr ist besonders gross, wenn sich seine (geheim gehaltenen) Wunschziele nicht mit denen des CM-Anbieters oder anderer Beteiligter im System decken. Er kann das CM-Verfahren durch Widerstände verzögern oder mittels Boykott oder Ablehnung zum Stillstand bringen. Langfristig hat natürlich der Klient das Nachsehen: Kostbare Zeit verstreicht, der Klient kommt nicht vom Fleck. Sein Selbstwertgefühl leidet unter der Ungewissheit und mangelnder Zukunftsperspektive. Dass er mit seiner Blockadehaltung die Aufarbeitung seiner Situation verhindert und die anderen Prozessbeteiligten/Ebenen ausbremst, wird ihm oft, wenn überhaupt, nach jahrelangen Behandlungen, zehrendem Ämtermarathon, mühseligem Versicherungsstreit und manchmal erst nach einer richterlichen Verfügung klar.

Dieses Verhalten wirkt direkt auf die anderen Prozessbeteiligten derselben Ebene und erzeugt ein Spannungsfeld, das das Verfahren verzögern, beschränken, beeinflussen oder gar verhindern kann.

Case Managerin

In der Person der Case Managerin ist sozusagen das Spannungsfeld zwischen den Prozessbeteiligten derselben oder mehreren Ebenen verkörpert: Sie «sitzt zwischen allen Stühlen». Der Case Managerin kommt theoretisch eine anwaltschaftliche Funktion zu, in der Praxis arbeitet sie aber ohne rechtliche Abstützung und ohne verbindliche Haltungsgrundlagen im CM. In diesem Rahmen handelt sie, zwischen der Mikro-, Meso- und Makroebene stehend, nach unten (Klient) und oben (Betrieb, gesellschaftliche Ebene), dabei wird sie noch mit Themen wie Diskriminierung, Chancenungleichheit und Verteilungsungerechtigkeit konfrontiert.

Die Case Managerin vertritt theoretisch die Interessen ihres Klienten. In der Praxis kämpft sie aufgrund ihrer eigenen, alles andere als neutrale Rolle, mit Loyalitätsproblemen gegenüber Klient, CM-Anbieter und eigenem Arbeitgeber – wobei die letzten beiden oft identisch sind – und gegenüber den aus ihrer Sicht weniger wichtigen Interessen anderer Institutionen und der Gesellschaft. Denn ihre Praxis deckt sich nicht immer mit den Zielen ihres Arbeitgebers. Welche Interessen soll sie nun vertreten, ohne dabei ihre eigene Existenz aufs Spiel zu setzen? Diese Abhängigkeiten und die Tatsache, dass Case Managerinnen immer unter Kostendruck stehen, auch in öffentlichen Institutionen, können sowohl die Ziele wie das Resultat des CMs beeinflussen, also die Gesamtkosten für die Makroebene erhöhen, ohne dass es der Case Managerin bewusst sein muss.

Statt wie in der Theorie die Vermittlerrolle souverän ausüben zu können, ist sie in der Praxis regelmässig der Puffer zwischen der mangelnden Selbstverantwortung des Klienten oder seiner Angehörigen, den kurzfristigen Zielen der Leistungserbringer und einer Gesellschaft und Politik, die widersprüchliche Signale senden: einerseits Mittel sparen und Effizienz steigern, andererseits Gleichbehandlung mitsamt theoretischer Allesverfügbarkeit, um es sich mit keiner Einflussgruppe zu verscherzen. Dies kann ihre Arbeit auf der Klientenebene massiv beeinflussen bis hin zur Beschränkung: CM ist dann nicht durchführbar.

Als eine der wenigen Vertrauten des Klienten ihm gegenüber noch Tabus ansprechen zu müssen, so beispielsweise die Endlichkeit der Mittel oder seines Lebens, kann für Case Managerinnen sehr belastend sein. Viele scheuen davor zurück. Lieber managen und planen sie mit ihren Klienten und den weitern Beteiligten darum herum. Die wesentlichen Fragen bleiben ungestellt, so z. B. die nach den strikten Vorgaben des CM-Anbieters – Kostensenkung auf Biegen und Brechen – oder die nach der Sinnhaftigkeit oder Finanzierbarkeit des Machbaren. Es gibt Case Managerinnen, welche wegen der permanenten Widersprüche in ihrem Arbeitsalltag selbst erkranken. Andere setzen rigoros alles um, was für ihre Firma wirtschaftlich erfolgreich ist und somit auch ihren Eigeninteressen dient, ungeachtet des wirklichen Bedarfs auf der Klienten- oder Gesellschaftsebene. Es sind diese Realitäten, die tagtäglich den Effekt von CM steuern. Also nicht die, welche man sich erhofft hatte.

4.3.2 Spannungsfeld Mesoebene: Anbieter, Institutionen, Betriebe

CM auf der Mesoebene betrifft die CM anbietenden Betriebe, die Versicherer, die sozialen Dienste und Institutionen wie Spitäler, Heime und Rehabilitationszentren.

Das Spannungsfeld auf dieser Ebene resultiert aus den konkurrierenden Eigeninteressen und führt zu kurz- oder längerfristigen Problemlösungen mit entsprechenden Kostenumwälzungen:

Die CM anbietenden Betriebe, die Versicherer und die sozialen Dienste müssen das Aufarbeiten der Folgen von Krankheiten oder Unfällen ihrer Angestellten, Versicherten oder Klienten aus dem vorhandenen Budget begleichen. Das Ziel ist ein «Return of investment», wir lasen bereits darüber anlässlich der Triage. Unangegangen höhlen diese Probleme die Ressourcen aus. In einem Papier über CM und die strategische Bedeutung für Versicherer steht: «Die Versicherer können ihre auszuzahlenden und zu reservierenden Ausgaben für Leistungskosten senken; zudem profitieren sie von einem Imagegewinn durch das Angebot des Qualitätsprodukts CM.» (The Boston Consulting Group, 2010: 19).

Im Gegenzug verdienen Institutionen wie Spitäler, Heime, Rehabilitationszentren und ambulante Pflegeorganisationen ihr Geld mit den Folgen von Krankheiten oder Unfällen. In der Praxis steht das Spitalpersonal Case Managerinnen aus Versicherungen skeptisch bis ablehnend gegenüber. Die Case Managerin wird als «Krankenhausarbeitsplatzvernichter» angesehen (Banger, 2009). Diese Betriebe werden erst dann CM in der eigenen Institution anbieten, wenn die Folgen von Krankheit oder Unfall ihre finanziellen Ressourcen auch angreift statt sie ökonomisch «unterstützt». Unter diesen Voraussetzungen würde CM, von diesen Institutionen angeboten und finanziert, keinen ökonomischen «Return», sondern materielle Einbussen nach sich ziehen. Heute verursachen Ausfälle von Spitaltagen Ressourceneinbussen (vgl. Einleitung). Auch der Verzicht auf fragwürdige bis unnötige, nur Kosten verursachende Behandlungen führt zu weniger Einnahmen. Rein ökonomisch gesprochen hat CM für diese Institutionen aktuell kaum Sinn. Dies wird sich allerdings 2012 mit der flächendeckenden Einführung von Swiss-

DRG schlagartig ändern (Baureithel, 2009:13). CM wird sich dann auch für diese Institutionen lohnen müssen.

Arbeitgeber, die die Löhne und Arbeitsplätze der Case Managerinnen sowie die Kosten für die CM-Massnahmen finanzieren, werden schon aus Existenzsicherung eine Kosten-Nutzen-Rechnung aufstellen, in herstellenden Betrieben wie in Institutionen des Gesundheitswesens. CM wird in Spitälern vorab den Zweck verfolgen, die Hospitalisationsdauer zu senken. In Heimen und ambulanten Pflegeorganisationen wird CM der effizienten und wirtschaftlichen Leistungserbringung dienen müssen. Die CM-Kostenträger und der kalkulierte *return* aus den CM-Investitionen bestimmen schlussendlich den Inhalt und Umfang des CM-Paketes. In diesem und folgendem Spannungsfeld bewegen sich in der Realität die CM-Anbieter auf der Mesoebene:

Der Kostendruck auf die Betriebe wird seit Jahren grösser. Zusätzlich liess die Finanzkrise die Eigenmittel vieler Firmen schmelzen, was das bereits schlechte Betriebsklima mancher Unternehmen noch frostiger werden lässt. Die Ansprüche an die Mesoebene sind aber höher: Die Betriebe und Institutionen sollen helfen, Renten zu vermeiden, indem sie Schonarbeitsplätze für Behinderte oder weniger Leistungsfähige anbieten. Von den Spitälern und Sozialdiensten wird erwartet, dass sie die Klienten und Patienten so umfassend behandelt und betreuten, dass sie dem Drehtüreffekt vorbeugen. Nicht so in der Praxis, wo die Arbeitsplätze für Chronischkranke oder Behinderte laufend wegrationiert werden. «Da nützt das beste CM nichts» – viele Case Managerinnen können davon ein Lied singen.

Auch dem überforderten Personal aus Spitälern und ambulanten Pflegeorganisationen ist es schlussendlich egal, falls ihre Patienten nach einer gewissen Zeit erneut in die Institution kommen oder weitergereicht werden, sogar bei vorgängigem, aber mit kurzfristigen Zielen geleistetem CM. Die Kosten für das Angehen der Probleme werden unter dem Spardruck zwar in geringerem Umfang, aber immer noch automatisch übernommen.

Ein Facharzt sagte zur Case Managerin, nachdem seitens der ambulanten Pflegeorganisation offensichtlich geschlampt wurde, was bereits zum dritten Mal zu Notfallsituationen mit Mehrleistungen führte: «Ist doch egal, die Versicherer müssen das bezahlen.»

Unter dem Spardruck wird der CM anbietende und finanzierende Betrieb zum Leistungsgeber oder -verweigerer, Vorgabe oder Wünsche aus der Makroebene hin oder her. In der Praxis sind sowohl der Klient auf der Mikro- wie auch der Betrieb auf der Mesoebene voneinander abhängig. Wo es keine gemeinsamen Ziele gibt, wo die gegenseitige Abhängigkeit im CM-Prozess nicht von Anfang an bewusst gemacht wird, wobei die gegenseitigen Geltungsansprüche aufgedeckt und ausgehandelt werden müssten, hat der Leistungsfinanzierer in der Praxis die Macht, bei Problemen Sanktionen durchzuführen und alles zu unternehmen, um die aus den

Schwierigkeiten des Klienten entstehenden Kosten weiterzureichen. Diese Praxis ist gleichermassen Alltag in Institutionen aus dem Sozial-, Versicherungs- wie dem Gesundheitswesen. Dabei mag das Problem kurzfristig für den eigenen Betrieb vom Tisch sein, nicht jedoch gesamtgesellschaftlich, für die Makroebene.

Die Klientenauslese nach Defizitkriterien (ökonomische Triage) ist die logische Folge, wenn es Sparvorgaben aus der Makroebene oder der Mesoebene gibt – aus welchen Gründen im Detail auch immer, denn die Finanzlage ist ja immer angespannt. Diese Vorgaben führen schlussendlich dazu, dass in Betrieben für die Reintegration ihrer Langzeitkranken, Behinderten oder fürs CM von Sterbenden ganz einfach kaum bis keine Ressourcen (Personal, Geld) mehr vorhanden sind. Dies widerspricht zwar der Zielsetzung der Makroebene, CM solle gesamtgesellschaftlich einen Nutzen bringen. In der Praxis beeinflusst und beschränkt die widersprüchliche Haltung aus der eigenen wie aus der Makroebene direkt das heutige CM-Angebot auf der Mesoebene. CM steht heute nur einer privilegierten, ausgewählten Minderheit zu, daher erzielt CM noch immer keine grossen Sparwirkungen auf der Meso- wie Makroebene.

4.3.3 Spannungsfeld Makroebene: Gesellschaft und Politik

Die nach den Regeln der ökonomischen Triage aus einem CM aussortierten Personen würden, sofern der Vorgang allgemein bekannt wäre, das Tabu der verdeckten Rationierung im Gesundheits-, Versicherungs- und Sozialwesen offensichtlich machen. Sie erfahren Entsolidarisierung, auch wenn CM keine gesetzliche Pflichtleistung ist. «Dank» der gängigen Auslese werden die einen, also Klienten und Betriebe, im System (besser) überleben und wachsen, den Austriagierten steht ein anderer Weg bevor.

In der Regel «kosten» Menschen, deren problematische Situation nicht angegangen und aufgearbeitet wurde, stattdessen fortlaufend weitergereicht werden, uns alle, also die Gesellschaft. Der Drehtüreffekt belastet die Mesoebene. Und die finanziellen Belastungen steigen stetig: IV-Bezug, Ergänzungsleistungen, Arbeitslosenhilfe, Sozialhilfe, Spitalkosten, Zuschüsse für die (steigenden) Krankenkassenprämien. Dieselbe Gesellschaft, die Mikro- und Mesoebene über Sparaufrufe zwingt, Kosten zu reduzieren, trägt jetzt als Allgemeinheit die Reparaturkosten für den Effekt: Kostenumwälzung.

Wie die Beteiligten der vorgängigen Ebenen wollen z. B. auch Politiker überleben und wachsen. Um nach einer Amtsperiode wieder gewählt zu werden, müssen (auch) sie Eigeninteressen vertreten und werden deshalb kaum Massnahmen propagieren, welche volkswirtschaftlich zwar sinnvoll sind, jedoch die Interessen bestimmter Gruppen oder gesellschaftlicher Kräfte beschneiden. So die Reaktion der Bürger auf die Schliessung «ihres» Spitals. Folgende Aussagen verschiedener Interessengruppen zeigen exemplarisch die widersprüchliche Haltung der Gesellschaft zu Kosteneinsparungen und dem Verfolgen von Eigeninteressen:

Rentner: «Man soll nicht gerade bei uns sparen und uns unsere Renten kürzen.»

Im Rahmen einer Abstimmung über die Aufnahme einer Zusatzleistung in die Grundversicherung sagte ein Wähler: «Es ist unser Recht, diese künftig auch zu beziehen, aber höhere Versicherungsprämien wollen wir nicht bezahlen.»

Auf der Internetseite eines Pharmakonzerns ist zu lesen: «Über 60 % der Bevölkerung zeigte bei einer Umfrage, dass sie die Forschung für neue Medikamente wünscht.» Führungspersonen aus Versicherungen sagen: «Immer diese Vollkaskomentalität! Würden die Versicherten nicht bei jedem Wehwehchen den Arzt aufsuchen, könnten wir die Prämien senken.»

4.3.4 CM im Spannungsfeld der drei Ebenen

Es ist offensichtlich, dass die drei Ebenen völlig verschiedene Zielsetzungen in den zentralen Fragen und somit unterschiedliche bis widersprüchliche Interessen verfolgen, die sich gegenseitig beschränken und widersprechen können. Dieses Spannungsfeld ist nicht aufzuheben, dennoch bewegen wir uns im CM täglich darin.

Die drei Ebenen ergänzen sich also nicht, sondern stellen unterschiedliche, mitunter rivalisierende oder widersprechende Anforderungen an die Beteiligten. Aus den erwähnten Gründen können die Anforderungen, CM solle Kosten senken, nicht erfüllt werden. Die Vorgaben und Abhängigkeiten aller Ebenen beeinflussen das gesamte CM-Verfahren, was sich wiederum auf die Wirtschaftlichkeit auswirkt, nicht nur gesamtgesellschaftlich, auch für die Betriebe und die Klienten, sei es monetär oder in der Lebensqualität.

CM in der bisherigen Praxis ist rentabel, aber immer nur für die jeweilige Interessengruppe und kurzfristig. CM, das seit Jahrzehnten in Amerika wie in Europa unter einer enormen Erfolgserwartung steht, in der Praxis aber nur einer kleinen Minderheit zugute kommt, konnte realistischerweise bis heute nicht bedarfsgerecht umgesetzt werden und wird auch so langfristig die volkswirtschaftlichen Probleme im Gesundheits-, Versicherungs- und Sozialwesen nicht entschärfen. Der Ressourcenabbau schreitet weiterhin voran.

4.4 Warum es nicht klappt: Tabus

«Der Albtraum ist die Macht des ungeprüften Denkens.»

4.4.1 Widerstand verweist auf Tabus

Wie komme ich dazu, über Tabus in einem Buch über CM zu reden? Jede Gesellschaft hat ihre heiklen, unbeliebten, schwierigen Themen und ihre Tabus, welche die «anderen» besprechen und angehen sollen. Seit über dreissig Jahren werde ich in meiner beruflichen Tätigkeit laufend mit den speziellen Tabus konfrontiert, die Krankheit und Tod mit sich bringen. Case Management hat viel mit «dem ganz normalen Leben» zu tun, also gibt es auch dort Tabus. Weil Tabus immer mit massiven Widerständen von allen Seiten verbunden sind, hat mich das Ansprechen eines Tabus jedes Mal Überwindung gekostet. Zugleich hat aber das Beenden des Schweigens oft zur Entschlüsselung der Probleme geführt und «nebenbei» noch Ressourcen gespart (Finanzen, Zeit, Energie) oder freigegeben (Ideen). CM hat seine Tabuthemen. Auch diese gehören in ein Buch über CM, weil sie vielerlei Auswirkungen haben, nicht nur finanzielle.

Das Wort «Tabu» stammt ursprünglich aus dem Sprachraum Polynesiens und bedeutet so viel wie «untersagt», «verboten», «unberührbar» (Benthien/Gutjahr, 2008: 7). Seit dem 20. Jahrhundert verwenden wir das Wort im deutschen Sprachgebrauch. Die Tabuforschung versteht darunter Meidungsgebote. Gemeint ist ein ungeschriebenes Gesetz, das aufgrund bestimmter Anschauungen verbietet, bestimmte Dinge zu denken, zu fühlen, auszusprechen oder zu tun. Tabus markieren Grenzen des Denkens, Redens und Handelns – sie sind unantastbar und werden zu Herrschaftsmitteln, wenn sie bedeuten «gehorchen, ohne zu fragen» (Benthien/Gutjahr, 2008: 53). Sie ersparen differenzierte Beobachtung und Analysen und lassen dadurch bestimmte Auseinandersetzungen überflüssig werden (Benthien/Gutjahr, 2008: 54). Es gibt auch nützliche Tabus, welche ein geregeltes Miteinander ermöglichen. Zu fragen ist immer, wer in einer Gesellschaft von einer Tabuisierung profitiert.

Die Sprache stellt uns Möglichkeiten zur Verfügung, uns über tabuisierte Bereiche zu verständigen, ohne die Konventionen zu verletzten: Das Tabu wird angedeutet, umschrieben, beschönigt oder es wird oft in Plattitüden, Witzen, Verharmlosungen darüber gesprochen. Offensichtlich wird das Tabu, wenn Menschen sich ihm durch Themenwechsel oder Gesprächsabbruch entziehen, dem oft das berühmte «peinliche Schweigen» vorausgegangen ist. Tabus sind wie missratene Kinder, keiner mag offen von ihnen reden. Es sind keine «öffentlichen» Themen, die zum Diskurs freigegeben sind, weder in der Gesellschaft, noch in der Gemeinschaft oder Familie. Wagen Menschen, an Tabus zu rütteln, müssen sie mit Verhöhnung, Verachtung und Ausschluss aus der Familie rechnen, am Arbeitsplatz mit Boykott oder der Kündigung. Tabubrüchige lösen in der Gesellschaft Skandale aus und werden öffentlich angegriffen und schikaniert. Tabubruch bedeutet «gesellschaftlicher Tod», in manchen Gesellschaften wird er sogar mit dem Tod bestraft. Dabei sind Tabubrüchige oft die Einzigen, die sich trauen, die «unanständigen» Fragen überhaupt aufzuwerfen und dabei den Blick auf die Folgen der Tabus zu lenken. Auch wenn wir in einer freien, aufgeklärten Gesellschaft leben, gibt es bei uns Tabus. Sigmund Freud versuchte zu erklären, dass kulturelle Entwicklungsstufen, die vermeintlich überwunden sind, sich in verdeckter Form auch bei Menschen moderner Gesellschaften wiederfinden (Benthien/Gutjahr, 2008: 40). Moderne Gesellschaften bewegen sich nicht mehr in für alle gleichermassen einheitlichen Werten und Normen. Tabus sind hochgradig gruppen- und situationsspezifisch, deshalb gibt es unterschiedliche Tabus in den verschiedenen Bereichen innerhalb einer Gesellschaft.

Um Ansprüche abzuweisen, gibt es unterschiedliche Reaktionsmöglichkeiten: von der passiven Verweigerung bis hin zur aktiven Abwehr. Es gibt kaum ein CM ohne Widerstände, sie sind das Herzstück im CM. Tabus angehen heisst, die Widerstände als solche wahrnehmen und aktiv angehen. Widerstände sind immer Hinweis und Zeichen auf verborgene Tabus. Meist haben sie eine Vorgeschichte als Traumen, Verletzungen, Probleme, Konflikte und Ängste, bis hin zur Todesangst.

Bereits mehrfach wurde erwähnt, wie sich CM im Spannungsfeld der verschiedenen Ebenen und der konkurrierenden Ansprüche bewegt. Widerstand seitens eines oder mehrerer Beteiligten im CM ist lediglich das Symptom, das äussere Zeichen für diese konkurrierenden Interessen.

Widerstände: Passiv und aktiv

Der Widerstand macht sich nicht hauptsächlich seitens des Klienten bemerkbar, wie man dies nach der Lehrbuchlektüre meinen könnte. Er äussert sich auch und vor allem bei anderen Beteiligten und auf jeder der drei Ebenen. Es gibt verschiedene Arten des Widerstandes. Aktiven Widerstand kann nur üben, wer die entsprechende Macht oder Position hat, passiver Widerstand operiert verdeckt. Eine spezielle Form des passiven Widerstandes ist das Beharren auf Hierarchieebenen.

Passiver Widerstand

Beteiligte stellen sich gegen eine Institutionen übergreifende Zusammenarbeit, um Einblicke zu vermeiden, z. B. in den wirklichen Bedarf oder den Umgang mit Ressourcen (speziell öffentliche oder Versicherungs-Mittel).

Klienten, die Termine und Abmachungen immer wieder verschieben oder «vergessen», zeigen damit ihren passiven Widerstand.

Versicherer zeigen Widerstand, indem sie Leistungserbringer nach der Zermürbetaktik hinhalten oder die vereinbarte Zusammenarbeit boykottieren, indem sie gar nicht reagieren.

Mitarbeitende aus Sozialdienst, Heim, Spital oder ambulanter Pflegeorganisation halten die anderen am CM Beteiligten hin oder nehmen Abmachungen nicht wahr bzw. erbringen abgemachte Leistungen nicht. Damit signalisieren sie auch und vor allem: Wir wollen die gemeinsame Verantwortung nicht tragen, wir sind nicht Teil des Teams. Das ist ein deutliches Zeichen, dass innere Zustimmung zum Verfahren fehlt.

Ein weiteres häufiges Verhalten als Form von passivem Widerstand ist Interesselosigkeit gegenüber allen Problemen, Diskussionen und Auseinandersetzungen, welche der CM-Prozess in Gang setzt. Die Beteiligten vermeiden Stellungnahmen durch wortreiche Ablenkung.

Abwesenheit bei Sitzungen, Terminen oder anderen Gelegenheiten, wo es um gemeinsame Lösungssuche im und um das CM-Verfahren geht, z. B. indem immer wieder die Teilnahme an Sitzungen im letzten Moment abgesagt werden. Obwohl jeder Beteiligte diese Widerstandsform praktizieren kann, ist sie kurzfristig besonders erfolgreich durch Menschen in Leitungspositionen. Sie können so «auftrumpfen» und den CM-Prozess lahmlegen. Damit fokussieren sie ihre Eigeninteressen und stärken (vermeintlich) die eigene Position. Schlussendlich soll damit kommuniziert werden: Unser Bedarf ist der wichtigste, wir stehen in der Hierarchie an 1. Stelle, die anderen müssen sich uns unterordnen. Die Gleichrangigkeit der Interessen wird damit negiert. Diese Haltung müssen alle Mitarbeiter der entsprechenden Institution übernehmen, andernfalls würden sie ihren Chef in Frage stellen. Ein Mitarbeiter erklärt dieses Vorgehen so: «Der Chef identifiziert sich schliesslich über 100 % mit unserer Institution. Sein Verhalten im und um CM darf deshalb nicht in Frage gestellt werden.»

Ein weiteres hierarchisch organisiertes Widerstandszeichen gegen das Aufbrechen des Tabus Eigeninteressen im CM ist folgendes: Seit einigen Jahren ist es üblich, in entsprechenden Institutionen (Versicherer, Spitäler, ambulante Pflegeorganisationen) «Spezialisten» anzustellen. Sie verfolgen entgegengesetzte CM-Interessen, indem sie Leistungsansprüche abweisen oder schlechtreden («Wir sehen keinen Bedarf für diese Leistung/Leistungserbringung»), sie konsequent an andere Institutionen weiterleiten (Kostenüberwälzung) oder indem sie möglichst viele finanzielle Ressourcen von Versicherern und der Gesellschaft für die eigene Institution abschöpfen. Gleichzeitig wird das ursprüngliche Ziel des CM torpediert, indem Auskunft über und Einblick in die verwendeten Mittel verwehrt wird oder man eine Qualitätskontrolle ablehnt. So entzieht man sich (derzeit) erfolgreich seiner Rechenschaftspflicht hinsichtlich Geldern von Versicherern, Sozialversicherern oder öffentlichen Steuergeldern. Ist das nur Angst vor der Verantwortung oder dem Arbeitsplatzverlust, Bequemlichkeit, gedankenlose Routine oder wann beginnt das strafrechtlich relevant zu werden?

Aktiver Widerstand

Eine vollständige Liste wäre unendlich lang. Ich beschränke mich hier auf zwei Beispiele. Kennzeichen des aktiven Widerstands ist die deutlich artikulierte Ablehnung. Die beliebteste rhetorische Figur dafür ist, dem Gegenüber die Zuständigkeit oder Fachkompetenz abzusprechen, um so das gesamte CM-Verfahren lächerlich zu machen. Der Arzt sagt kurz angebunden ins Telefon: «Zum ersten und letzten Mal: Mit einer Case Managerin aus einer Versicherung spreche ich grundsätzlich nie! Adieu.» Oder: «Sie müssen noch viel lernen, sie haben schliesslich kein Medizinstudium (wahlweise auch: kein Rechtsstudium oder kein BWL-Studium) absolviert!»

Ängste

Widerstände verweisen auf Ängste der Beteiligten. Es geht um die Angst vor dem Verlust von:

- Macht, Status, Position, Privilegien, Lust, also Eigeninteressen aller Art (ein alter Patient: «Ich füttere ganz sicher nicht die Altersheimangestellten mit meinen Ersparnissen durch! Lieber geh ich ins Spital.» Der ärztliche Klinikdirektor: «Bei Patienten mit der Zusatzversicherung lohnen gewisse operative Eingriffe eher als bei den Allgemeinversicherten.»)
- Autonomie («Ich will den andern nicht zur Last fallen.»)
- Ressourcen, allen voran die Finanzen (bei allen Beteiligten und auf allen Ebenen)
- Gesundheit, Leben, Arbeit, sozialer Teilhabe
- Liebe und Selbstliebe
- Würde (Schamgefühl, Erfahrung von Demütigung, psychische Traumata).

Oder es geht um die Angst vor:

- Schmerzen, Ekel
- Arbeitslosigkeit

- Verantwortungsübernahme
- Druck und Mehrarbeit am Arbeitsplatz
- Zusatzbelastung durch die Probleme des Angehörigen
- Ungewissheit (Neues)
- Tod bzw. der Auseinandersetzung mit dem bisherigen Leben.

Tabus und Widerstände angehen

Das Wahrnehmen und Erkennen der Tabus geschieht durch das Zulassen, Hinsehen und Anerkennen, dass die Widerstände als Zeichen für Tabus stehen. Angegangen werden die Tabus durch Ansprechen. Eine wertneutrale Haltung der Case Managerin bietet die Vertrauensgrundlage, um gemeinsam die passenden Lösungen für alle Beteiligten zu erarbeiten. Angegangene Tabus und speziell das Angehen des Todestabus ermöglicht Institutionen und der Gesellschaft, enorme Kosten einzusparen, weil die Chance besteht, dass Betroffene und das Umfeld, entsprechend begleitet, von sich aus ihren Anteil an Selbstverantwortung und Mitarbeit übernehmen. Der Weg dahin ist aber für alle kein Spazierweg.

4.4.2 Tabus im Leben, Tabus im CM

Man unterscheidet eigentliche Tabus und Kennzeichen für ein Tabu bzw. Widerstände gegen ein Tabu, z. B. ist die verharmlosende Formulierung «Fall» für Klient oder Patient ein Zeichen für ein Tabu, jedoch nicht das Tabu selbst.

Gesellschaftliche Tabus (in der westlichen Kultur, in der Schweizer Ausprägung) sind z. B.:

- Geld (Einkommen, Vermögen, Schulden)
- Macht
- Betrug
- Süchte (Medikamente, Alkohol, Drogen, Spiel etc.)
- spezielle Sexualpraktiken
- Sterbehilfe
- Suizid

- Potenzschwäche
- Inkontinenz
- Demenz-Erkrankungen
- Aufenthalte in einer psychiatrischen Klinik
- körperliche oder seelische Gewalt, besonders in der Familie
- Sozialhilfe-Abhängigkeit
- Inzest
- Antisemitismus
- Trennung
- Tod

Tabus im CM gibt es auf allen drei Ebenen. Die CM-spezifischen Tabus und ihre Kennzeichen lauten:

- Diskriminierung: ökonomische Triage.
- Endlichkeit der Mittel: Unser Umgang mit der verdeckten Rationierung im Versicherungs-, Sozial- und Gesundheitswesen.
- Chancen- und Verteilungsgerechtigkeit: ökonomische Triage, fehlende öffentliche Diskussionen zu diesem Sachverhalt in der Branche, mangelnde Ethikmodule bei den meisten Anbietenden von CM-Weiterbildungen und unverbindliche Ethikpapiere im CM.
- Eigeninteressen: Machtmissbrauch, Egoismus auf Kosten anderer Beteiligter/Ebenen im CM, Boykott, Kostenüberwälzung auf andere im System, Zurückhalten von relevanten Informationen, intransparenter Umgang mit öffentlichen Mitteln oder Versicherungsgeldern.
- Tod: Darüber spricht eine Case Managerin üblicherweise nicht. Der Angehörige einer Patientin zur Case Managerin: «Es ist absolut unanständig, dieses Thema überhaupt aufzuwerfen!»
- Boni: Die Werteorientierung richtet sich nach Eigeninteressen auf Kosten der anderen Beteiligten im CM; Förderung der Haltung des CM-Personals, ausschliesslich für den eigenen Betrieb zu sparen; bonirelevante Ziele im Zusammenhang mit der ökonomischen Triage.

- Intransparenter Umgang mit Fakten: Die sinkende Zahl von Neurenten im Geschäftsjahr eines Versicherers wird kommuniziert, die sich parallel erhöhende Zahl abgewiesener Schwerstbedürftiger nicht.
- Betrug: Missbrauch von Fremdmitteln für Eigenzwecke.

Natürlich gibt es über diese Tabuthemen kaum Diskussionen, weder während der Weiterbildung zur Case Managerin noch in der Literatur. Der Grund dafür: Es handelt sich nicht nur um CM-spezifische Tabus, sondern es sind Tabus darunter, die wir alle respektieren. Deshalb rühren wir nicht daran.

Das Angehen von Tabus im CM und die Beantwortung der damit verbundenen Fragen gleich zu Beginn des Verfahrens schafft automatisch Klarheit, Realität und bestenfalls Vertrauen in die Zusammenarbeit unter allen Teilnehmern. Dabei wandelt sich die anfängliche Abwehr der Beteiligten meist in aktive Teilnahme und wirkliches Interesse, die Phantasie, Intelligenz und Kreativität der Beteiligten freisetzen. Die Beteiligten übernehmen eher Verantwortung und überraschen mit unerwarteten, umsetzbaren Lösungen, die der Case Managerin allein kaum eingefallen wären. Das Angehen der Tabus ist, wenn man es mit der gebotenen Feinfühligkeit im Ton, aber konsequent in der Sache tut, wirkungsvoll, um die Beteiligten sehr schnell in das gemeinsame Boot holen.

Die Case Managerin muss die Tabus im CM ansprechen. Ich möchte hier niemanden angreifen, mir geht es um eine sachliche Diskussion, es geht um Perspektiven, Wahlmöglichkeiten und sinnvollen Kosteneinsatz im CM. Alle Ebenen können davon profitieren und die gesparten Kosten wiederum für neue CM-Klienten einsetzen.

Tod und Sterben

> «Einmal griff ich bei einem Versicherten das Todesthema auf. Es ging voll daneben. Der Schadenleiter hatte keine Freude …»
> *Zitat einer Case Managerin*

Besonders deutliche Widerstände treten, auch im CM, sofort bei der Erwähnung von Tod und Sterben auf: Dieses Thema weckt emotionale Spannung, löst Schuldgefühle, Scham und Abscheu aus. Sogar Profis aus dem Gesundheitswesen deuten, auch im CM, das Thema Tod nur vorsichtig an, wenn überhaupt. Niemand möchte in der Situation die Person sein, die dieses bevorstehende Ereignis zur Sprache bringt – quasi die Endlichkeit des Patienten durch Aussprechen infrage stellt. Sollte die Case Managerin eines Versicherers das Todesthema aufgreifen, setzt sie sich dem Vorwurf aus, Leistungen auf Kosten des unbedingt zu schützenden Lebens einsparen zu wollen. Diesen Vorwurf will niemand riskieren.

Unterlassene Diskussionen um das Thema Tod im CM führen in der Praxis dazu, dass anstehende Entscheidungen über den weiteren Weg mit Therapien und Behandlungen den Leistungserbringern überlassen wird. Diese sind überfordert, kein Arzt will sich exponieren oder gar strafbar machen. Zudem sind erbrachte Leistungen, auch wenn absehbar «sinnlos» (Pawlik, 2009: 30) – aus Patientensicht eben nicht sinnlos – immer auch finanzielle Einnahmen für das Spital und Mehrkosten für die Versicherer. Dies führt schlussendlich dazu, dass das Thema Tod nicht angegangen wird, fällige Diskussionen und Stellungnahmen bleiben aus. Stattdessen erbringt das Personal noch schnell «alle» Leistungen, sogar wenn sie eigentlich aus Patienten- und Spezialistensicht «sinnlos» sind. Die Versicherer sind hilflos und bezahlen die Leistungen getreu nach UVG oder KVG.

Hierfür ein Bespiel: Ein über achtzigjähriger Patient ist seit Jahren unheilbar und schwer nierenkrank. Mehrmals wöchentlich erhält er eine Dialyse. Eine Nierenspende kommt in seiner Situation nicht mehr in Frage, sein Allgemeinzustand verschlechtert sich dramatisch. Für alle ist offensichtlich, dass der Tod unaufhaltsam näher rückt, die Laborwerte bestätigen es. Doch niemand wagt, das Tabuthema Tod anzusprechen und den Patienten zu fragen, was er für seine restliche Lebenszeit wünscht und was nicht. Der Patient vertraut darauf, dass die Angehörigen die entscheidende Frage stellen, diese erhoffen sich stillschweigend, dass die Pflege den ersten Schritt macht, diese wiederum hegt unausgesprochene Erwartungen gegenüber der Ärzteschaft. Aus Angst und falsch verstandener Pietät schieben alle, der Betroffene wie die Beteiligten, die entscheidenden Fragen vor sich her und überlassen letztlich den Patienten seinem Schicksal. Die restliche Lebenszeit, welche er im Rahmen seiner verbleibenden Möglichkeiten selbstbestimmt hätte gestalten können, verbringt er einsam im Spital, angeschlossen an Maschinen und mit den Belastungen etlicher Therapien. Beim Ansprechen des Todestabus geht es genau um diese Situationen und nicht um Patienten, denen man im Hinblick auf eine Heilung oder Linderung irgendwelche Therapien vorenthalten will.

In einer Situation, in welcher der Tod unausweichlich ist, wäre es doch für den Patienten wie seine Familie und die ihn Betreuenden entlastender, sie könnten das Thema Endlichkeit des Lebens angehen. Dies eröffnete die Möglichkeit, die letzte Zeit so zu gestalten, wie es aus Patientensicht wünschenswert und möglich ist. Gemeinsam können dann alle über die verbleibenden Optionen sprechen, über Verlust- oder andere Ängste, über Einsamkeit und über letzte Wünsche: Wie will ich noch leben, wie sterben, was möchte ich auf keinen Fall? Anstatt sich passiv den Gegebenheiten der Hierarchie im Gesundheitswesen anzupassen oder sich hoffnungslos dem Verlauf einer zum Tod führenden Krankheit zu ergeben, haben die Patienten die Wahl, ihren Willen kundzutun und die weitere, restliche Wegrichtung mitzubestimmen und sie im Rahmen der Möglichkeiten zu gestalten. Dabei geht es nicht um die Frage, wie viel das Überleben wert ist, sondern: Wie können wir mit den vorhandenen Ressourcen (Energie, Mittel, Personal etc.) das weitere Leben für alle Beteiligten auf allen Ebenen sinnvoll gestalten. Wie dies geht, schildere ich im Kapitel 5.1.1 anhand eines Praxisbeispiels.

4.4.3 Fazit und These 1

> «Le réel, c'est ce qui est. Il n'a ni tort ni raison, il se contente d'être. Renoncer à l'idéal est une démarche difficile.»
> *Emmanuel Desjardins, Politologe und Buchautor (*1964)*

Die Sachverhalte, die zur CM-Problematik führen, sind nun bekannt: Lehrbuchtheorie und alltägliche Praxis widersprechen sich. Trotz implementiertem CM führte die Praxis volkswirtschaftlich nicht zur Kostensenkung, sondern seit Jahren weiterhin zu Kostensteigerungen. Dabei wurden bis heute die Gesellschaftsprobleme, die zur Kostenausuferung führten, weiterhin tabuisiert, allen voran das Todestabu. Weitere Kostensteigerungen für Versicherer und die Gesellschaft sind programmiert.

Der eingeschränkte Blickwinkel für Kosteneinsparungen auf Biegen und Brechen und für die kurzfristige Schonung eigener Ressourcen führt zu Spannungen zwischen den drei Ebenen. CM hat bis heute wohl Eigeninteressen erfüllt, gesamtgesellschaftlich die Kosten aber nicht wirklich gebremst oder gar gesenkt, weder in Amerika noch in Europa. Verteilte oder umgewälzte Kosten und nicht angegangene, tabuisierte Gesellschaftsfragen, die zu dieser Kostenausuferung führten, lassen die Gesamtausgaben weiterhin ansteigen. Der gesellschaftliche Nutzen ist fragwürdig.

These 1

Der eingeschränkte Blickwinkel und unangegangene Tabus führen im und um CM zu Lösungen, die scheinbar schnell die (eigenen) Probleme der jeweiligen Ebene lösen. Tatsächlich entsteht eine Kostenumlagerung, die langfristig weitere Kostensteigerungen für alle bedeuten.

5 Case Management ohne Triage

«Wo Gefahr ist, wächst das Rettende auch.»
Friedrich Hölderlin, Lyriker (1770–1843)

5.1 Das Verfahren in der Praxis

5.1.1 Sieben Praxisbeispiele: Typische CM-Klienten

In diesem Kapitel lernen Sie authentische Beispiele von Menschen und ihren komplexen Situationen kennen. Die Betroffenen dieser ausgewählten Praxisbeispiele stehen stellvertretend für bestimmte, typische Klienten-/Patienten-Gruppen. Es sind Gruppen, die heute nach gängigem CM austriagiert werden, da diese Menschen kaum über das gewünschte Potenzial verfügen. Eigentlich ist es aber so, dass gerade die Menschen mit den grössten Schwierigkeiten am dringendsten CM-Unterstützung brauchen. Kann man diese Menschen entlasten? Langfristig, effektiv und so, dass ihre Situation verbessert würde?

Diese austriagierten Betroffenen erhielten tatsächlich CM-Leistungen. Wie dies zustande kam, wer CM finanzierte und welchen Effekt das Verfahren für alle Beteiligen und Ebenen hatte, schildern die Praxisbeispiele. Sie sind alle nach folgendem, einheitlichem Schema aufgebaut:

In der Ausgangssituation lernen Sie kurz den betroffenen Menschen kennen. Anschliessend beschreibe ich Ihnen jeweils die gesundheitliche und soziale Situation, die zur eigentlichen Problematik führte und wie sie mit dem Lösungsansatz meines CM-Verfahrens aufgearbeitet wird. Ganz bestimmte Fragen im Verfahren aus einem der Praxis angepassten CM-Regelkreismodell führen zu Lösungen, welche für alle drei Ebenen wirtschaftlich und menschlich sinnvoll sind.

Am Schluss jedes Beispiels stehen jeweils noch Informationen rund um die Probleme, vor denen die Betroffenengruppen, ihr Umfeld, die mitbetroffenen Angestellten aus den Institutionen und die Gesellschaft stehen.

5.1.1.1 Praxisbeispiel: Herr Roth – Menschen mit psychischen Erkrankungen

Die Ausgangssituation

Seit zehn Jahren arbeitet der 32-jährige Herr Roth bei einem grossen Versicherer. Er gilt als zuverlässig, loyal und kompetent.

Gesundheitliche Situation

Herr Roth ist Raucher und ein unauffälliger Mitarbeiter. Auffällig sind einzig seit Jahren Krankheitsabwesenheiten von jeweils zwei bis drei Tagen alle zwei bis drei Monate wegen unklarer Beschwerden.

Soziale Situation

Die Kontakte unter den Teamkollegen von Herrn Roth gehen über das Geschäftliche hinaus. Bei einem Feierabendbier erzählt Herr Roth seiner engsten Bürokollegin, dass seine langjährige Liebesbeziehung in die Brüche gegangen sei, er während den anstehenden Ferien in eine andere Wohnung umziehen werde und sein Kater eingeschläfert werden müsse. Der Versicherungskonzern wird umstrukturiert, Herr Roth und seine Kollegen erbringen seit Monaten Zusatzleistungen unter enormem Zeitdruck.

Problematik – anstehende Aufgaben

Während der Ferienabwesenheit von Herrn Roth werden schwerwiegende Fehler in der Arbeit von Herrn Roth entdeckt. Zunächst beschliesst Herr Roths Vorgesetzte, den Angestellten nach seiner Ferienrückkehr sofort zu entlassen. Nachdem sich der erste Schock gelegt hat, zweifelt Herr Roths direkter Chef an diesem Vorgehen.

Der Lösungsansatz

Herr Roths Chef sucht Rat bei einer Case Managerin. Sie empfiehlt, die Entscheidung gemeinsam mit den anderen Führungspersonen nochmals zu überdenken und ein klärendes Gespräch mit Herrn Roth zu führen. Im Gespräch bekennt Herr Roth, dass er wegen des beruflichen Leistungsdrucks und persönlicher Probleme an seine Leistungsgrenzen gekommen sei. Er erhält ein Angebot für CM. Aufgrund seiner Depression fehlen ihm die vollumfängliche Krankheits- und Behandlungseinsicht sowie die Übersicht über die gesamte Situation, er zögert. Nur aus Angst vor dem drohenden Arbeitsplatzverlust sagt er schliesslich zu.

Sinnfrage vor Zielbestimmung – Endlichkeit als Chance

Noch am selben Tag organisiert die Case Managerin – mit Herrn Roths Einverständnis – einen Termin bei dessen Hausarzt. Danach gehen die Case Managerin und Herr Roth zusammen die entscheidenden Fragen an.

Was erscheint Herrn Roth sinnvoll für seine künftige Arbeit und sein Leben?

Herr Roth leidet unter einer Depression. Für ihn bedeuten sein Beruf und die Kontakte mit den Arbeitskollegen mehr als nur Gelderwerb, sie seien ein wichtiger Lebensinhalt. Aber mit der Trennung von seiner langjährigen Freundin und durch den ständigen Leistungsdruck käme er sich vor wie ein Hamster im Laufrad. Sein Leben sei sinnlos und qualvoll geworden. Herr Roth stimmt der Case Managerin zu, dass für ihn die sofortige Behandlung seiner Depression am sinnvollsten sei, damit er sich anschliessend ohne Krankheitsdruck der Sinnfrage stellen kann.

Welche Problemlösung ist für die Institutionen sinnvoll?

Herr Roths Arbeitgeber und Kollegen

Für die Versicherungsgesellschaft ist es sinnvoll, wenn Herr Roth als Mitarbeiter im Unternehmen verbleibt. Zum einen, weil der Ersatz eines engagierten, langjährigen Mitarbeiters letztlich teurer kommt als die Krankheitskosten von Herrn Roth, die umso niedriger ausfallen werden, je schneller und besser die Situation angegangen wird. Zum anderen, weil der Umgang mit Herrn Roth Signalwirkung für das gesamte Betriebsklima hat. Mitarbeiter, die davon ausgehen müssen, dass sie schnell entlassen werden, identifizieren sich nicht mit ihrem Unternehmen und werden ihr Leistungspotential sicherlich nicht ausschöpfen oder innerlich kündigen. Ein Unternehmen, gerade im Dienstleistungsbereich, ist aber immer nur so gut wie seine Mitarbeiter.

Gesellschaftliche Ebene

Es liegt im Interesse der Allgemeinheit, dass Herr Roths Depression behandelt wird. Seine Entlassung und Arbeitslosigkeit würden die Gesellschaft letztlich mehr kosten als einige Wochen Krankheit mit der für ihn passenden Therapie.

Auswirkungen des Case Managements

Betroffener

Das CM eröffnet Herrn Roth die Möglichkeit, sein Gesundheitsproblem und die berufliche und private Lebenssituation anzugehen, ohne Angst um seinen Arbeitsplatz haben zu müssen. Letztlich konnte er bereits nach zweieinhalb Wochen die Arbeit teilzeitlich wieder aufnehmen, nach einem Monat arbeitete er schon wieder 100 %. Beruflich konnte sich Herr Roth sogar ein Jahr später verbessern. Seine Gesundheitssituation ist seit Jahren stabil.

Arbeitgeber

Herr Roths Situation war der Auslöser, die Arbeitssituation der gesamten Abteilung kritisch zu überdenken. Die Vorgesetzten passten das Arbeitspensum an und der Leistungsdruck nahm ab. Herr Roth konnte bald wieder als wertvolle Fachperson in den Arbeitsprozess integriert werden. Auch erkrankte kein weiteres Teammitglied wegen anhaltender Überforderung. Das CM-Verfahren hatte eine menschlich wie ökonomisch sinnvolle Lösung erbracht. Der Zusammenhalt in der Gruppe wurde sogar gestärkt, als sich während Herr Roths Abwesenheit die Arbeitskollegen solidarisch sein Pensum aufteilten.

Gesellschaft

Sollte Herr Roth dauerhaft arbeitsunfähig werden wegen seiner Depression, würde er bald zum IV-Bezüger. Die Krankheitskosten würden auf die Allgemeinheit abgewälzt. Die Zahl der Betroffenen steigt – leider. Damit ist Depression aber auch ein gesamtgesellschaftliches Problem.

Case Management: Zugang und Kosten

Der Antrag auf Erstattung der CM-Kosten für Herrn Roth, den der Vorgesetzte stellte, wurde vom Versicherungskonzern abgelehnt. Aber Herr Roths Chef liess sich eine unbürokratische Lösung einfallen und verschaffte so seinem Mitarbeiter trotzdem Zugang zu CM-Leistungen.

Herr Roth wurde zunächst aus dem betriebseigenen CM austriagiert, weil, so der hausinterne CM-Teamleiter «der Angestellte ja arbeitsfähig ist. CM setzen wir nicht präventiv ein, dies ist für uns unökonomisch.» Sowohl die externe Case Managerin als auch Herr Roth und seine Vorgesetzten wussten, dass die CM-Kosten klein gehalten werden mussten und übernahmen deshalb alle aktiv Verantwortung im Verfahren. Da das CM bereits vor dem krankheitsbedingten Arbeitsausfall einsetzte, waren der Arbeitsaufwand und die Kosten der Case Managerin gering: weniger als zehn Stunden. Der Konzern übernahm dann nachträglich die CM-Kosten für Herrn Roth.

Zur Situation von Menschen mit psychischen Erkrankungen

Dem wachsenden Leistungsdruck am Arbeitsplatz sind nicht alle Mitarbeitenden gewachsen. Kommen noch persönliche Probleme dazu, entwickelt sich schnell eine Depression. Die Betroffenen leiden unter Schlaf-, Konzentrations-, Essstörungen und unter schrecklichen Ängsten. Es kann zu einem Burn-out kommen, das wochenlang und aufwendig in einer Spezialklinik behandelt werden muss. Oft mangelt es nach der Entlassung aber an der passenden Integration für diese Personengruppe. Der Rückfall ist vorprogrammiert: Ein zweites oder gar drittes Burn-out ist oft die Folge. Die Tatsache, dass psychisch Erkrankte unter den IV-Bezügern den grössten Teil ausmachen und diese Erkrankungen jährlich um mehr als 6 % wachsen, stimmt bedenklich. Psychisch Erkrankte weisen in vier von fünf Fällen entsprechend hohe Invaliditätsgrade auf (The Boston Consulting Group, 2010: 13).

Seit dem Inkrafttreten der 5. IV-Revision im Jahr 2008 haben Arbeitgeber die Möglichkeit, mit Frühinterventionen Mitarbeiter bei der Arbeitsplatzerhaltung zu unterstützen. Menschen mit psychischen Problemen, die gekündigt werden, finden fast nicht mehr Anschluss an die Arbeitswelt. Mit zunehmender Krankheitsdauer geraten sie in eine soziale Abwärtsspirale. Im Vordergrund stehen aber verunfallte Personen, die vor allem eine physische Rehabilitation benötigen (Champion, 2008: 385). Unfallopfer sind also attraktiver für eine Wiedereingliederung als Menschen mit einer psychischen Erkrankung. Mitarbeitende, die infolge einer psychischen Erkrankung bedingt einsetzbar sind, gelten als weniger gefragt und Nischenarbeitsplätze sind praktisch verschwunden.[5]

5 In seinem Artikel hält der Leiter Sozialpolitik bei der Gewerkschaft Travail Suisse fest, dass psychisch kranke IV-RenterInnen auf die Hilfe der Wirtschaft angewiesen sind: «Im Kanton Baselland wurde 750 Arbeitgebern eine fiktive Liste von Bewerbern gezeigt. Auf der Liste

Die Zahl der Personen mit psychischer Erkrankung, die Leistungen der IV (Invalidenversicherung) bezogen haben, ist zwischen 1992 und 2007 von insgesamt 59 000 auf 153 000 Personen angewachsen und stellt heute die grösste Gruppe von Leistungsbezügern in der IV dar.[6] Laut dem Schweizerischen Gesundheitsobservatorium (Obsan) ist die häufigste in der stationären Psychiatrie behandelte Erkrankung die Depression (21 % aller Diagnosen) (Obsan, 14. November 2008: 1). Zwischen 2000 und 2008 lässt sich eine Zunahme der diagnostizierten psychischen Störungen feststellen, die häufigste psychiatrische Diagnose in ambulanten Arztpraxen ist die Depression (Obsan, 2010: 4).

Zukunftsprognosen

Menschen mit psychischen Erkrankungen stellen die grösste Gruppe von Leistungsbezügern der IV dar. Diese Gruppe wächst auch am schnellsten, sowohl in der Schweiz als auch in den restlichen OECD-Ländern (Champion, 2008: 385). Diese Tendenz könnte sich noch verstärken. Denn die Zahl psychisch Erkrankter steigt durch krankmachenden Stress am Arbeitsplatz, der sich in Krisenzeiten verschärft. Die Kosten tragen die Sozial- und Rentenversicherer, letztlich wir alle. Die Autoren der Studie «Case Management und die strategische Bedeutung für Versicherer» halten fest, dass unter den IV-Bezügern psychisch Erkrankte den grössten Teil ausmachen.

CM für Menschen mit einer psychischen Erkrankung

Die Case Managerin mit einem ganzheitlichen Ansatz begleitet den psychisch Erkrankten kontinuierlich und persönlich. Das ist für diese Personengruppe die entscheidende Voraussetzung, um CM überhaupt durchführen zu können.

Menschen mit einer psychischen Erkrankung haben mit Ablehnung und Vorurteilen zu kämpfen. So erklärte eine Personalfrau: «Sicher stellen wir keine Person mit einer Vorgeschichte mit psychischen Problemen ein. Diese Leute kippen

standen acht gut qualifizierte, sehr zuverlässige Personen, alle mit einer Erkrankung, aber zu 100 Prozent arbeitsfähig und seit drei Jahren mit stabilem Gesundheitszustand. Dieser Liste wurde eine neunte Person beigefügt. Diese war als einzige Person gesund, allerdings nicht sehr zuverlässig. Wen würden die Arbeitgeber anstellen? Die ernüchternde Antwort: zuerst den gesunden, nicht sehr zuverlässigen Bewerber. Danach alle körperlich kranken und am Schluss alle Personen mit einer psychischen Erkrankung» (Kuert Killer, 2010: 17).

6 Antwort des Bundesrats vom 27.08.08 auf die Anfrage 08.1062 vom 13.06.2008 des Nationalrates Toni Bortoluzzi: Parlamentarische Vorstösse, «Übermässige Kosten durch psychische IV-Fälle», Soziale Sicherheit, CHSS, 6/2008, Bundesamt für Sozialversicherungen, BSV, Bern, S. 387.

bei der kleinsten Belastung gleich um, das geht in unserem Betrieb nicht.» CM entlastet Arbeitgeber durch Beistand, Beratung und Begleitung bei der Wiedereingliederung der betroffenen Person.

Letztlich kann es sich eine Gesellschaft nicht leisten, alle Personen zu verrenten, die sich (vermeintlich) nicht mehr in den Arbeitsprozess integrieren können.[7] Zum einen stellt sich die Frage nach den Folgekosten des übersteigerten Leistungsdrucks. Zum anderen ist ein angemessener Umgang mit dieser Personengruppe auch ein Barometer dafür, welchen Stellenwert ein Individuum in einer Gesellschaft hat, das nicht permanent und ausschliesslich ökonomisch «wertvoll» ist.

5.1.1.2 Praxisbeispiel: Frau Huber – Menschen mit Abhängigkeitsproblemen

Die Ausgangssituation

Frau Huber ist 48 Jahre alt und arbeitete als ungelernte Kleiderverkäuferin. Sie war stets sehr zuverlässig. In jungen Jahren stand sie als Fotomodell auf dem Laufsteg.

Gesundheitliche Situation

Seit Jahren ist Frau Hubers Gesundheit äusserst angeschlagen. Aktuell weist sie eine Alkohol-, Nikotin- und Medikamentenabhängigkeit auf. Früher bestand zusätzlich noch eine Drogenabhängigkeit.

Soziale Situation

Nach langjähriger Firmenzugehörigkeit wurde Frau Huber vor Jahren wegrationalisiert. Seither ist sie arbeitslos und lebt von einer IV-Rente und Sozialhilfe. Frau Huber ist geschieden und Mutter eines 22-jährigen, ebenfalls abhängigen Sohnes. Sie lebt mit wechselnden Partnern, welche wie sie Abhängigkeitsprobleme haben und in Geldnöten stecken. Frau Huber vereinsamt und schläft tagelang in ihrer winzigen Wohnung, die wie sie zusehends verwahrlost. Die Sozialhilfe hat Frau Huber einen Sozialarbeiter zugewiesen, dieser ist ihr Beistand. Er ist mit vielen «Fällen» eingedeckt und hat nie Zeit, seine Klienten zuhause aufzusuchen. Die ständig unter Suchtmitteln stehende Frau Huber beantwortet weder seine Telefonate noch leert sie den Briefkasten.

---

7 Der aktuelle Schuldenberg der IV beträgt CHF 15 Mrd. und er wächst jährlich um ca. 1 weitere Mrd. an. Radiomitteilung vom 15.10.2010, 12.00 Uhr, Schweizer Radio DRS 3.

Problematik – anstehende Aufgaben

An einem Wochenende findet Frau Hubers Schwager die Frau nicht mehr ansprechbar auf dem Küchenboden liegend. Der hinzugezogene Hausarzt weist seine Patientin mit der Ambulanz ins Akutspital ein. Die Spitalärzte diagnostizieren u. a. eine alkoholbedingte Leberzirrhose, eine Demenz und eine Stuhl- sowie eine Urininkontinenz. Zudem ist Frau Huber HIV positiv. Nach einigen Wochen fordern der Hausarzt und die Spitalsozialarbeiterin die Angehörigen von Frau Huber auf, einen Heimplatz für die kranke Verwandte zu organisieren. Diese sind damit überfordert, wissen nicht weiter und verzweifeln.

Der Lösungsansatz

Frau Hubers Schwager mobilisiert eine Case Managerin. Diese stellt sich im Spital bei Frau Huber vor und klärt mit ihr die Zusammenarbeit ab. Frau Huber sieht die Chance, einem Leben im Heim zu entgehen, und sagt zu.

Sinnfrage vor Zielbestimmung – Endlichkeit als Chance

Noch im Spital gehen Frau Huber und ihre Case Managerin gemeinsam die Sinnfragen an: Was erscheint Frau Huber sinnvoll für ihr weiteres Leben? Im Spital ist Frau Huber zwangsweise «trocken» geworden. Sie bekennt, dass ihr die zerstörte Leber Angst mache, sie wolle noch nicht sterben. Für die Liebe lohne es sich, neu zu beginnen, aber ob es gesundheitlich noch möglich sei?

Welche Problemlösung ist für die betroffenen Institutionen sinnvoll?

Spital

Das Spital steht wegen der Fallkostenpauschale unter Kostendruck und Frau Huber belegt ein dringend benötigtes Akutbett. Man drängt auf Entlassung. Damit weitere Spitaleintritte vermieden wären, müsste Frau Hubers Gesamtsituation, die Ursachen für ihre Lage, betrachtet und angegangen werden. Dazu ist das Spitalpersonal aber nicht in der Lage. Leistungsdruck, unklare Verantwortlichkeiten und kurzfristige ökonomische Zielvorgaben (zügiger Spitalaustritt wegen der Fallpauschalen), führen zum Standardverhalten und entsprechenden Antworten: «Dafür sind wir nicht zuständig, wir sind ein Akutspital. Bis morgen dürfen sie aber noch bleiben.»

Hausarzt

Auch für den Hausarzt wäre eine ganzheitliche Problemlösung sinnvoll, denn die komplexe Situation von Frau Huber liegt grösstenteils in seinem Kompetenzbereich. Doch Organisieren, Abklären, stundenlanges Herumtelefonieren, auch mit Zuständigen der ambulanten Pflegeorganisation oder einer Tagesklinik, mit Putz- und Mahlzeitendienst, was zur Stabilisierung der Gesundheitssituation von Frau Huber sinnvoll wäre, ist für den Hausarzt/die Hausarztpraxis uninteressant und wirtschaftlich weniger attraktiv als die Verordnung von Therapien und Medikamenten.

Krankenkasse

Die Krankenkasse von Frau Huber hat alles Interesse, dass eine kostengünstige und langfristig gelungene Problemlösung gefunden wird.

Sozialamt

Frau Hubers Sozialarbeiter erscheint das Angehen von Frau Hubers Situation mit CM sinnlos: «CM nützt bei dieser Klientel doch nichts.» Er fürchtet, dass die CM-Kosten ergebnislos das Budget seines Amts belasten.

Gesellschaftliche Ebene

Frau Huber bezieht bereits Sozialversicherungsleistungen (IV, EL, anteilmässige Kostenübernahmen an die Krankenkassenleistungen durch die öffentliche Hand). Für die Steuerzahlenden ist es sinnvoll, dass diese Kosten nicht zusätzlich anschwellen wegen unangegangenen sozialen und gesundheitlichen Problemen.

Auswirkungen des Case Managements

Betroffene

Durch das CM-Verfahren ist Frau Huber in der Lage, ihr Leben wieder zu strukturieren. In Absprache mit Frau Huber plant, organisiert und koordiniert die Case Managerin Leistungen für sie. Zusätzlich steht sie ihr laufend beratend bei, was Frau Huber über manche Widerstände hilft. Bald verschwinden die Stuhl- und Urininkontinenz. Abklärungen beim Augenarzt und die passende Brille ermöglichen der «dementen» Frau Huber die Lektüre von anspruchsvollen Büchern aus der Ausleihe. Eine Reintegration ins Arbeitsleben ist wegen des Fehlens von

Nischenarbeitsplätzen nicht mehr möglich, jedoch die Teilhabe am sozialen Leben. Heute gestaltet Frau Huber ihr Leben selbstbestimmt und trinkt nicht mehr. Ein Heimeintritt war übrigens nie mehr ein Thema. Frau Huber hat erfahren, dass man sie nicht aufgegeben hat.

Spital und Hausarzt

Das Spitalpersonal und der Hausarzt standen dem CM zunächst sehr skeptisch gegenüber, sie bekundeten dies später gegenüber ihrem Schwager: «Nie hätten wir gedacht, dass es möglich ist, Frau Hubers Situation langfristig zu lösen.» Frau Huber musste nie mehr hospitalisiert werden. Ihre medizinische, wirtschaftliche und soziale Situation stabilisierte sich.

Krankenkasse

Die Sachbearbeiterin der Krankenkasse von Frau Huber: «Frau Hubers hoffnungslose Situation mit CM anzugehen, ist für uns in dieser Form völlig neu. Diese Möglichkeit erspart uns die Pflegekosten eines Heims.»

Sozialamt

Nachdem Frau Huber monatelang keinen Alkohohl mehr getrunken hatte, nahm der Sozialarbeiter die Entlastung wahr.

Gesellschaft

Das Aufarbeiten von Frau Hubers komplexer Situation hat der Gesellschaft enorme Folgekosten erspart.

Case Management: Zugang und Kosten

Frau Huber erhielt Zugang zu CM dank ihres Schwagers, der das Verfahren und eine Case Managerin persönlich kennt. Frau Huber ist ursprünglich aus dem CM ihrer Krankenkasse austriagiert worden, ebenfalls aus dem CM ihres Sozialdienstes. Bis zum Schluss wird sich diese nicht an die Kosten des CM-Verfahrens beteiligen: «Dies ist bei uns nicht üblich.» Nach kurzer Zeit stellt die Case Managerin Antrag auf eine Kostenübernahme bei der Krankenkasse von Frau Huber. Das CM wird vollumfänglich finanziert, obwohl der Aufwand beträchtlich ist, allerdings immer noch kostengünstiger als ausufernde Kosten über Jahre durch wiederholte Spitalaufenthalte, Pflegeheim, Medikamente und Konsultationen bei Fachärzten.

Das CM bei Frau Huber hat volkswirtschaftliche Ressourcen geschont, die andernfalls kontinuierlich steigenden Leistungen der öffentlichen Hand wurden nicht fällig.

Die Situation der Gruppe Menschen in Abhängigkeitsproblemen

Eine Alkoholabhängigkeit entwickelt sich nach und nach. Menschen mit Abhängigkeiten gelten laut WHO als krank. Risikofaktoren können die Entstehung einer Abhängigkeit beeinflussen: Probleme bei der Arbeit, in der Beziehung, eine geringe Selbstwertschätzung oder niedrige Konfliktfähigkeit. Familienangehörige tragen die Folgen: wirtschaftliche Probleme wegen Langzeitarbeitslosigkeit, hohe Scheidungsrate, Verschuldung, vormundschaftliche Massnahmen, Verkehrsunfälle, sexueller Missbrauch. Das Suchtmittel hält die Scheinwelt der Betroffenen aufrecht.

Menschen mit Abhängigkeiten tragen ein höheres Unfallrisiko, ihre Arbeitsleistung nimmt ab. Sowohl chronisch als auch punktuell übermässiger Alkoholkonsum kann zu gesundheitlichen Problemen mit tödlichem Ausgang führen. Im Jahr 2002 waren in der Schweiz schätzungsweise mehr als 2000 Todesfälle dem Alkoholkonsum zuzurechnen (SFA, 2009).

Zukunftsprognosen

Die Schweizerische Fachstelle für Alkohol- und andere Drogenprobleme schätzt, dass etwa 300 000 Menschen in der Schweiz alkoholabhängig sind und etwa 1 000 000 Menschen als Angehörige und Nahestehende mitleiden, darunter rund 100 000 Kinder und Jugendliche (SFA, 2007). Die alkoholbedingten sozialen Kosten betragen in der Schweiz rund 6,7 Mrd. CHF. Zum Vergleich: Die Schweizer Bevölkerung gibt jährlich ungefähr 8 Milliarden Franken für den Kauf von alkoholischen Getränken aus. Indirekte Kosten entstehen durch Produktivitätsverluste, Invalidität, Arbeitslosigkeit und durch vorzeitige Todesfälle (SFA, 2009). Die immateriellen Kosten – das Leid der Betroffenen und ihrer Familien – stellen für die Gesellschaft eine beträchtliche Belastung dar.

Menschen mit wirtschaftlichen, sozialen und gesundheitlichen Problemen (Leistungsdruck am Arbeitsplatz, Arbeitslosigkeit, Scheidung) infolge einer Krise, sei sie persönlich oder eine allgemeine Wirtschaftskrise, weisen höhere Risiken auf, von Abhängigkeiten betroffen zu werden. Dies kann Familien, Unternehmen und die Gesellschaft als Ganzes schwächen.

CM für Menschen mit Abhängigkeiten

Menschen mit Abhängigkeiten, die CM erhalten und ins Sozial- und/oder Arbeitsleben reintegriert werden, erfahren Ähnliches wie Patienten mit einem gespendeten Organ. Der Weg dahin ist lang und die Basis sind Beziehung und Vertrauen zwischen der erkrankten Person, ihrer Familie, den Prozessbeteiligten und der Case Managerin. Die Alkoholabhängigkeit ist eine behandelbare, psychische Erkrankung. Je schwerer die Störung, desto individueller muss die Behandlung sein. CM ermöglicht eine Behandlungsoptimierung und verhindert schwerwiegende somatische, psychische, soziale und ökonomische Folgeschäden.

CM bei Menschen mit Abhängigkeiten ist äusserst anspruchsvolle Teamarbeit. Die zeit- und kostenintensiven Therapien sind sorgfältig aufeinander abzustimmen. CM für diese Gruppe ist derzeit eher die Ausnahme als die Regel, denn der lange und intensive Gesundheitsprozess schreckt die Versicherer und die Gesellschaft ab.[8] Neben dem rein ökonomischen Aspekt stellt sich auch die Frage, wie unsere schnellebige, leistungsorientierte Gesellschaft mit schwächeren Mitgliedern umgeht. CM kann eine sinnvolle Massnahme sein, diese Menschen aufzunehmen und in die Gesellschaft wieder zu integrieren.

5.1.1.3 Praxisbeispiel: Herr Manhiça – alternder Mitarbeiter mit schwerer Erkrankung

Die Ausgangssituation

Herr Manhiça ist 56 Jahre alt. Vor über dreissig Jahren immigrierte er als Handwerker in die Schweiz.

---

8 Die LVR-Klinik Bonn hat 2005 ein CM-Pilotprojekt in der Suchtversorgung bei Patienten mit schwerer Alkohol- und Drogenabhängigkeit gestartet. Sozialarbeiterinnen führen bei Erkrankten – deren Teilnahme am CM-Projekt übrigens freiwillig ist – Hausbesuche durch und koordinieren den Leistungsbedarf. Es handelt sich um ein aufsuchendes CM. Bereits nach zwei Jahren konnten die Krankenhauskosten dieser Patienten um 15 % gesenkt werden. Die enge Zusammenarbeit mit der Krankenkasse, mit der Verwaltung und mit der Kommune Bonn habe zu einem richtigen Vertrauensverhältnis geführt. Trotzdem wird das Projekt Ende 2008 von den Kassen gekündigt. Integrative Ansätze veränderten die Menschen und die Prozesse, stellt Herr Prof. Dr. Markus Banger, LVR-Klinik Bonn, in seiner Projektpräsentation «Der Case Management-Ansatz bei chronisch Suchtkranken», am 07.03.2009 in Köln fest. http://cms.uk-koeln.de/live/cc-mc/content/e398/e556/banger.pdf

Gesundheitliche Situation

Herr Manhiça ist starker Raucher und in der Freizeit trinkt er regelmässig (viel) Alkohol. Anlässlich einer Routineuntersuchung erfährt Herr Manhiça von seinem Hausarzt, dass ein Tumor seine Gesundheit bedroht. Der Hausarzt überweist seinen Patienten an einen Facharzt.

Soziale Situation

Herr Manhiça ist eine angepasste Persönlichkeit und hat es dank Fleiss, Beharrlichkeit und Zielstrebigkeit zum Spezialisten in einer Produktionsfirma gebracht. Seine Frau ist ebenfalls berufstätig und tüchtig wie ihr Mann. Das Ehepaar hat einen gewissen Wohlstand erreicht und ist halbprivat versichert. Herr Manhiça ist Vater einer jugendlichen Tochter.

Problematik – anstehende Aufgaben

Der Facharzt will Herrn Manhiça sofort operieren. Später wird sich herausstellen, dass der Spezialist diese Operation noch niemals durchgeführt hat und der Eingriff ein hohes Invaliditätsrisiko für Herrn Manhiça birgt. Herr Manhiça befürchtet, seine Arbeitsstelle, seine Gesundheit und letztlich den Boden unter den Füssen zu verlieren: «Bald gibt es mich nicht mehr.» Die Diagnose bringt die ganze Familie an den Rand einer Krise. Frau Manhiça beklagt sich bei einer Nachbarin, dass der Arzt in der Sprechstunde immer kurz angebunden sei: «Er spricht über unsere Köpfe hinweg, wir verstehen nichts und verzweifeln bald. Seit der Diagnoseeröffnung trinkt mein Mann.»

Der Lösungsansatz

Die Nachbarin vermittelt die Adresse einer Case Managerin. Diese zeigt mögliche Chancen des Verfahrens für Herrn Manhiça und seine Familie auf. Herr Manhiça willigt ins Verfahren ein. Bei der Bestandesaufnahme klären der Betroffene und die Case Managerin mit dem ursprünglichen und einem weiteren Facharzt aus der Universitätsklinik die Chancen und Gefahren aller Therapiemöglichkeiten ab. In einer solch komplexen Situation ist eine Konsultation durch einen zweiten Facharzt («zweite Meinung», engl. *second opinion*) absolut geboten.

Sinnfrage vor Zielbestimmung – Endlichkeit als Chance

Dadurch klären sich die Situation und die Möglichkeiten für Familie Manhiça. Bevor Herr Manhiça sich für die für ihn geeignete Therapie entscheidet, geht seine Case Managerin mit ihm die Sinnfragen an.

Was erscheint Herrn Manhiça sinnvoll für sein weiteres Leben?

Herr Manhiça erscheint es zunächst zweckmässig, umgehend und zielgerichtet bei der Krankheitsbewältigung vorzugehen: «Operieren und fertig, genau wie in meinem Arbeitsalltag, wenn defekte Maschinen Produktionsausfälle provozieren.»

Daraufhin unterstützt die Case Managerin Familie Manhiça bei der Abfassung der individuellen Patientenverfügung. Das Ehepaar setzt sich mit der Endlichkeit des Lebens auseinander, was heftige Diskussionen in der Familie provoziert. Herr Manhiça stellt daraufhin fest, dass es für ihn und seine Familie sinnvoller sei, sich um seine Gesundheit zu kümmern, als aus Angst, den Arbeitsplatz zu verlieren, einfach die «schnelle» Lösung durchzuziehen. Er wägt die möglichen langfristigen Invaliditätsfolgen gegen die kurzfristige und nur scheinbar einfache Problemlösung ab.

Welche Problemlösung ist für die betroffenen Institutionen sinnvoll?

Arbeitgeber

Auf lange Sicht ist es für Herrn Manhiças Betrieb sinnvoll, wenn ihm der fachlich ausgezeichnete Mitarbeiter erhalten bleibt.

Facharzt und Privatspital

Für den zuerst konsultierten Facharzt und das Privatspital lohnt es sich, einen halbprivat versicherten Patienten zu operieren. Für den Ruf des Facharztes wäre es sinnvoll, von einer Operation mit unsicherem Ausgang abzusehen.

Versicherer

Für die Krankenkasse und die Invalidenversicherung ist es ökonomischer, wenn Herr Manhiça weder zum Chronischkranken noch zum Rentenbezüger wird.

Gesellschaftliche Ebene

Für die Gesellschaft ist es sinnvoll, wenn der Betroffene weiterhin sozial und beruflich integriert bleibt und es weder zu einem bleibenden oder temporären Alkoholproblem noch zu Folgekosten einer unangepassten Behandlung kommt.

Auswirkungen des Case Managements

Betroffener

Herr Manhiça durchläuft die Therapien, die er in innerer Übereinstimmung angenommen hat. Die engmaschige Begleitung und die Prozessteuerung durch die Case Managerin lässt die üblichen Therapiekomplikationen – Hautprobleme, Erbrechen, Fieber, Infekte – und die typischen Kommunikationsprobleme unter den Leistungsbezügern und -erbringern nicht aufkommen. Herr Manhiça urteilt anlässlich der Schlussevaluation: «Ohne das CM wäre die Situation für mich unüberschaubar gewesen, wahrscheinlich wäre ich zum Alkoholiker geworden.»

Arbeitsplatz

Noch vor dem Therapiebeginn legt Herr Manhiça sein Gesundheitsproblem dem Arbeitgeber offen. Da Herr Manhiça immer hoch motiviert und flexibel einsetzbar war und sich dank laufender Weiterbildung auf dem aktuellen Wissensstand befindet, ist der Arbeitgeber äusserst motiviert, seinen kranken Mitarbeitenden so einzusetzen, dass die Arbeit für Herrn Manhiça durchführbar ist und dass der Betrieb den wertvollen Angestellten nicht verliert. Herr Manhiças Chef passt sofort das Pensum und die Arbeitsbedingungen an Herrn Manhiças angeschlagene Gesundheitssituation an: keine Schichtarbeit und kein schweres Heben, Bücken oder Tragen. Nach den zeitaufwendigen und belastenden Therapien bleibt der wertvolle Mitarbeiter dem Betrieb bis zur Pensionierung erhalten.

Gesellschaft

Unnötige Folgekosten für Invalidenrente und Suchtbehandlung werden vermieden.

Case Management: Zugang und Kosten

Herr Manhiça erhält zufällig Zugang zu CM, weil seine Nachbarin eine Case Managerin persönlich kannte und vermittelte. Herr Manhiça übernimmt selbst die CM-Kosten.

Krankenkasse

Die Krankenkasse hat Herrn Manhiça aus ihrem CM austriagiert, dies ist üblich bei alternden, schwer kranken Angestellten. In Herrn Manhiças Betrieb wird kein betriebliches CM angeboten. Als die Case Managerin bei Herrn Manhiças Krankenkasse eine Teilkostenübernahme des CM-Verfahrens beantragt, übernimmt diese die gesamten CM-Kosten. Das Verfahren dauert weniger als neun Monate, und die Kosten für das CM liegen unter denen von drei Spitaltagen.

Noch ist CM für alte, kranke Mitarbeitende die Ausnahme.

Zur Situation von alternden Mitarbeitenden mit schwerer Erkrankung

Altern ist keine Krankheit und bedeutet nicht automatisch Einschränkung der Leistungsfähigkeit. Auch müssen alternde Mitarbeitende mit einer schweren Erkrankung nicht automatisch steigende Sozialversicherungskosten für die Gesellschaft bedeuten.

Uwe Brandenburg zeigt in seinem Vortrag über ältere Mitarbeitende in Unternehmen, dass Menschen nicht lebenslang immer gleich belastbar sind (Brandenburg, 2007). Ältere Mitarbeitende hätten mehr Angst vor Veränderungen als jüngere. Ihre Lernbereitschaft und die Belastbarkeit des Bewegungsapparates würden im Laufe der Jahre abnehmen. Wenn noch eine Erkrankung hinzukomme, fehle es oft an Arbeitsmotivation, vor allem wenn die Betroffenen sich nicht weitergebildet hätten und im Arbeitsalltag erfahren würden, dass die Jungen wichtiger seien. Familienmitglieder seien in der Regel mitbetroffen, was zu Gesundheitsproblemen und Absenzen am Arbeitsplatz bei diesen führen könne.

Aufgrund des permanenten Spardrucks werden alternde, schwerkranke Mitarbeitende gerne entlassen. Hat aber der Betrieb eine Krankentaggeldversicherung mit CM-Leistungen für ihre Mitarbeitenden abgeschlossen, wird die erkrankte Person dem CM des Versicherers übergeben. Eine Case Managerin, üblicherweise aus der Versicherung, soll dann die Situation angehen und die Menschen in einen anderen Betrieb reintegrieren, obwohl die Chancen auf dem Arbeitsmarkt generell schlecht sind.

Die Sozialversicherungskosten von alternden, kranken Mitarbeitenden höhlen die Ressourcen der Gesellschaft zunehmend aus. Anhand der Statistik vom Januar 2008 zur Invalidität von Rentnern in der Schweiz wird ersichtlich, dass die Altersklasse proportional zur Zahl der Invaliden verläuft: je älter, desto mehr Rentner. Bei den 60- bis 64-Jährigen ist die Zahl mit 54 300 Invaliden am höchsten (BSV, 2008: 76, T6.6.1).

Zukunftsprognosen

Die demografische Entwicklung wird uns zwingen, uns mit alternden, kranken Mitarbeitenden auseinanderzusetzen.

Folgende Krankheiten werden bei alternden Mitarbeitern zunehmen:

- Probleme mit dem Stütz- und Bewegungsapparat
- Erkrankungen von Herz und Kreislauf
- bösartige Tumorneubildungen
- psychische Erkrankungen.

Wie Uwe Brandenburg betont, verfügen alternde Mitarbeitende, auch wenn sie erkrankt sind, über eine grössere Praxiserfahrung, Urteilsfähigkeit, Zuverlässigkeit und ein höheres Pflichtbewusstsein als Jüngere. Sie zeigten mehr Verständnis gegenüber dem Alter und würden weibliche Angestellte deutlich mehr fördern (Brandenburg, 2007). Wegen ihrer Vorbildfunktion sei es wichtig, alternden Mitarbeitenden, auch wenn sie krank sind, weiterhin Führungsfunktionen oder verantwortungsvolle Position zu übergeben. Ihre soziale Kompetenz und ihr Fachwissen würden andernfalls verschwinden, was den Betrieb schwächen könne. Wichtig sei eine ausgeglichene Mischung.

Die Rentenentwicklung erfordert es, dass alternde, erkrankte Mitarbeitende möglichst lange im Arbeitsprozess verbleiben.

CM für alternde Mitarbeitende mit schwerer Erkrankung

Um langwierigen Abklärungsprozessen, unpassenden Eingliederungsmassnahmen und seit Ende der 1990er-Jahre stark angestiegenen Rentenzahlen einen Riegel vorzuschieben, wird seit 2008 die 5. IV-Revision umgesetzt. Damit wird ein stark verbesserter Schutz vor Arbeitsplatzverlust durch Früherfassung und Frühintervention angestrebt und das Risiko einer falschen Erwartungshaltung für eine IV-Rente gemindert (Rossier, 2009: 1).

Betriebliche Gesundheitsförderung, Absenzenmanagement und CM sind im Idealfall Teil des betrieblichen Gesundheitsmanagements. Damit können Absenzen verringert und Invalidität vorgebeugt werden.

Alternde, kranke Mitarbeitende, die CM oder andere Massnahmen erhalten, bleibt viel persönliches Leid erspart. Folgeerkrankungen werden vermieden.

Die Gesundheit der Mitarbeitenden ist ein wichtiger Erfolgsfaktor für ein Unternehmen. Kranke, auch alternde Mitarbeitende möglichst im Unternehmen zu halten, ist eine Frage der Unternehmenskultur. Die Case Managerin kann bei der Suche nach erfolgreichen Lösungen für ältere, erkrankte Mitarbeitende ebenso beitragen wie alle übrigen Beteiligten, ohne dass es zu Mehrkosten kommen muss.

5.1.1.4 Praxisbeispiel: Herr Gut – chronisch Erkrankte in Institutionen

Die Ausgangssituation

Herr Gut ist ein etwas über siebzig. Als ehemaliger Journalist beim Fernsehen geht er kritisch durchs Leben.

Gesundheitliche Situation

Seit einigen Jahren leidet er unter fortschreitender Parkinson-Erkrankung, was einen zunehmenden Bedarf an medizinischen und pflegerischen Leistungen sowie Hilfestellungen bei der Erbringung von Alltagsverrichtungen nach sich zieht.

Soziale Situation

Herr Gut lebt seit einigen Monaten in der Pflegeabteilung einer privaten Seniorenresidenz. Seine Frau übernimmt immer wieder pflegerische Aufgaben, weil das Heimpersonal kaum Zeit hat. Die Kinder befinden sich im Ausland und die Ehefrau ist kräftemässig an der Grenze ihrer Belastbarkeit. Sie hat wie ihr Ehemann zum Heim kein vertrauensvolles Verhältnis, da immer wieder Fehler in der Pflege auftreten und das Personal sehr gehetzt ist.

Problematik – anstehende Aufgaben

Gegen sechs Uhr in der Frühe wird Herr Gut mit der Ambulanz notfallmässig aus dem Pflegeheim hospitalisiert. Es ist Winter und der Patient lag, wie auch schon zuvor, nachts hilflos stundenlang auf dem Boden. Im Spital vertrauen später die Pflegenden den Angehörigen an: «Wir waren überzeugt, dass ihr sterbender Verwandter nicht überleben würde. Dank enormem Willen hat er zum Leben zurückgefunden.»

Im Spital weigert sich Herr Gut strikt, weiter im Pflegeheim zu leben. Er sagt, er wolle nicht mehr von Personal betreut werden, das ihn nur widerwillig pflege. Das Leben im Heim mache ihm Angst. Herr Gut wünscht sich Pflege durch das jetzige Spitalpersonal. Ein weiterer Spitalaufenthalt ist medizinisch aber unbegründet und wirtschaftlich unverantwortbar.

Der Lösungsansatz

Die behandelnde Ärztin, eine Neurologin, vermittelt eine freiberufliche Case Managerin. Beim Erstgespräch zeigt die Case Managerin mögliche Chancen der Vorgehensweise von CM auf. Darauf willigen Herr Gut und seine Frau ins CM-Verfahren ein.

Sinnfrage vor Zielbestimmung – Endlichkeit als Chance

Nach der Bestandsaufnahme und bevor die Ziele festgelegt werden, geht die Case Managerin mit Herrn Gut die Sinnfrage für alle drei Ebenen an.

Was erscheint Herrn Gut sinnvoll für die ihm verbleibende Lebenszeit?

Herr Gut möchte optimale Pflege und so viele Stunden wie möglich mit seiner Frau verbringen. Ins Heim zurückzukehren, nur um später als Notfall wieder ins Spital einzutreten, ist aus seiner Sicht eine symptomatische Lösung, belastend und unnötig.

Welche Problemlösung ist für die betroffenen Institutionen sinnvoll?

Krankenkasse

Ein Spitaltag kostet der Krankenkasse von Herrn Gut das Fünffache der Kosten eines Heimtages. Ökonomisch sinnvoller ist für Herrn Guts Krankenkasse, dass der Versicherte das Spital verlässt, sobald die medizinische Problematik angegangen wurde.

Spital

Herr Gut ist privat versichert. Sein Aufenthalt bringt dem Spital zwar mehr ein als der eines allgemein Versicherten. Es ist jedoch sinnvoller, die Betten den Patienten auf der Warteliste zur Verfügung zu stellen als Chronischkranken, deren Pflege im Heim übernommen werden kann.

Private Seniorenresidenz

Sie steht unter Erfolgs- und Kostendruck und muss ihre strukturellen Probleme angehen: Führungsschwäche, Organisationsprobleme mit häufigem Personalwechsel und -mangel als Folge. Dauerhaft sind Patienten, die, wie Herr Gut, wegen inadäquater Pflege hospitalisiert wurden, ruf- und damit geschäftsschädigend.

Gesellschaftliche Ebene

Steigende Kosten im Gesundheitswesen werden auf die Prämien aller Versicherten überwälzt. Kostensenkend ist ein baldiger Spitalaustritt von Herrn Gut, sobald seine akute medizinische Situation aufgearbeitet ist.

Auswirkungen des Case Managements

Betroffener

Herr Gut fragt nach seinen Möglichkeiten. In der Diskussion mit der Case Managerin erscheint dem Ehepaar die Aussicht auf veränderte Pflegebedingungen im Heim der gangbarste Weg. Nach einer Nacht Bedenkzeit sind Herr und Frau Gut mit einer Rückkehr ins Pflegeheim einverstanden. Das Ehepaar Gut und die Case Managerin definierten als Ziel, Herrn Gut eine würdige, nach Möglichkeit selbstbestimmte letzte Lebenszeit zu ermöglichen bei gleichzeitiger Entlastung der Ehefrau. Die Pflegenden versuchen nun, individuell auf die Pflegewünsche des Schwerkranken einzugehen. Es benötigt nicht mehr Pflegepersonal, sondern organisatorische Anpassungen und eine verbesserte Kommunikation. Frau Gut wird schrittweise entlastet und vom Personal psychologisch begleitet.

Private Seniorenresidenz

Nach anfänglichen Widerständen lassen sich auch die Führungsverantwortlichen der Pflege und die Leitung der Seniorenresidenz auf Gespräche ein. Sie ergreifen die Möglichkeit, ihren Ruf als exklusive Seniorenresidenz zu wahren und passen ihr Betreuungskonzept an: In Zukunft soll das Hilfspersonal besser geschult, angeleitet und kontrolliert werden. Für die Betreuung und Aktivierung aller Bewohner soll zusätzliches Personal sorgen, dabei handelt es sich um eine Aktivierungstherapeutin und um kostenlose Freiwillige.

Krankenkasse und Gesellschaft

Weil Herr Gut später nie mehr hospitalisiert wird, bleiben der Krankenkasse wie auch der Gesellschaft die Folgekosten einer nicht angegangenen Situation erspart.

Case Management: Zugang und Kosten

Zugang zu CM erhält Herr Gut zufällig, weil seiner Neurologin das Verfahren bekannt ist und sie eine Case Managerin persönlich kennt. Weder Herr Guts

Krankenkasse, das Spital noch die Seniorenresidenz bieten CM an, wozu sie nach den derzeitigen Vorgaben auch nicht verpflichtet sind.

Das CM-Verfahren dauerte sechs Wochen. Auf Vorschlag der Case Managerin teilten sich die Heimleitung und Herr Gut die Kosten je zur Hälfte. Dazu willigte die Heimleitung allerdings erst nach mehreren Gesprächen und zähem Aushandeln mit der Case Managerin ein. Motivierend war der Umstand, dass das angepasste Pflege- und Betreuungskonzept der Seniorenresidenz einen Marktvorteil verschaffte, der die anteiligen CM-Kosten mehr als kompensiert. Der Krankenkasse entstanden keine CM-Kosten. Sie sparte weitere Notfalltransporte mit der Ambulanz und Hospitalisationskosten.

Zur Situation Chronischkranker in Institutionen

Chronischkranke weisen häufig mehrere Diagnosen auf, werden älter und ihre Zahl nimmt laufend zu, bedingt durch bessere Diagnose- und Therapieverfahren, den medizinischen Fortschritt und gestiegene Ansprüche unserer Gesellschaft. Der Eintritt von Chronischkranken in eine Pflegeinstitution geschieht immer später und erst, wenn zuvor alle Möglichkeiten für Pflege und Betreuung ausgeschöpft wurden.

Unsere Kultur scheut sich vor der Auseinandersetzung mit Tod und Verfall. So ist gerade die Situation Chronischkranker oder alter Menschen in Institutionen symptomatisch für unsere Gesellschaft. Noch immer haben viele Betroffene in den Heimen weder eine sinnvolle Aufgabe noch Aussicht auf Teilhabe am sozialen Leben ausserhalb der Institution. Ein solches Leben erscheint vielen Betroffenen sinnlos.

Während die Spitalkosten von den Krankenkassen übernommen werden, müssen Chronischkranke in Institutionen das Gros der anfallenden Rechnungen selbst tragen. Solange sie im Pflegeheim mehr bezahlen müssen als im Spital, haben sie jedes Interesse, sich bei gesundheitlichen Problemen für die Hospitalisation zu entscheiden, statt den Heimeintritt zu wählen. Sparvorgaben zwingen Pflegende vor allem im Langzeitbereich dazu, ihre Arbeit immer gehetzter zu verrichten, was zu mehr Fehlern führt.

Wiederholte Spitalaufenthalte («Drehtüreffekt») innerhalb eines Jahres statt Heimeintritt kann zu hohen Folgekosten für die Krankenkasse und die Gesellschaft führen. Noch kann man die steigenden Gesundheitskosten auf die Prämien aller Versicherten überwälzen. Dies ist aber dauerhaft keine Lösung. Zumal Geringverdiener schon heute auf den Staat zurückgreifen müssen, um ihre Prämien zahlen zu können.

Zukunftsprognosen

«Gemäss den Bevölkerungsprognosen des Bundesamtes für Statistik (BFS) wird die Bevölkerung der über 65-Jährigen von 1,2 Millionen im Jahr 2005 auf 2 Millionen im Jahr 2030 anwachsen. Das entspricht einer Zunahme um zwei Drittel. Die Bevölkerungsgruppe der 80-Jährigen und Älteren wächst noch schneller: Es ist ein Anstieg in dieser Alterskategorie von 340 000 auf 625 000 Personen zu erwarten, was einer Verdoppelung innerhalb von 25 Jahren entspricht.» (Obsan, 22.04.2008: 1).

2006 war mindestens eine von 13 erwerbstätigen Personen oder 8 % der Erwerbsbevölkerung im Gesundheitsbereich beschäftigt. Der Personalbedarf im Gesundheitswesen könnte bis 2020 um 13 bis 25 % zunehmen, hinzu kommen noch 60 000 Gesundheitsfachleute, die wegen Pensionierung ersetzt werden müssen (Jaccard Ruedin et. al., 2009: 1–2).

Bereits heute ist die Rekrutierung von ausgebildetem und kompetentem Pflegefachpersonal für den Langzeitbereich schwierig. Die Tätigkeit ist körperlich und psychisch erschöpfend und geniesst keine hohe Wertschätzung. Wie dieses Problem in Zukunft zu lösen ist, ist noch völlig offen.

Sparvorgaben durch die Politik gehen schon heute auf Kosten der Betreuung für Chronischkranke in Institutionen. Wie künftig deren Pflege und Betreuung gewährleistet wird, ohne dass es zusätzlich zu ungeregelter Rationierung[9] oder Diskriminierung kommt, wird eine der grossen gesellschaftlichen Aufgaben der nächsten Jahre sein.

CM für Chronischkranke in Institutionen

Das CM bringt alle Beteiligten an einen Tisch. Erfolgreich ist CM, wenn alle sich als gleichwertige Partner in einem Prozess sehen, der letztlich alle entlastet. Lösungen können nur gemeinsam und im Dialog erarbeitet werden.

CM kann Chronischkranke in Institutionen befähigen, wieder Selbstverantwortung zu übernehmen. Dabei führen die massgeschneiderten Lösungen zu

9 SAMW Schweizerische Akademie der Medizinischen Wissenschaften (Hrsg.): «Rationierung im Schweizer Gesundheitswesen: Einschätzung und Empfehlungen, Projekt ‹Zukunft Medizin Schweiz› – Phase III», Kurzfassung, o. O., 2007, S. 10. Darin stellt die Arbeitsgruppe bereits 2007 fest: «Auch die Festlegung von Globalbudgets in Spitälern ist eine Massnahme, die sich heute als eine Begrenzung und damit als implizite oder ungeregelte Rationierung auswirken kann. (…) Generell benachteiligt sind alte Menschen, gesellschaftlich marginalisierte Personen, Menschen mit Behinderungen oder chronischen Erkrankungen. (…) ist sicherzustellen, dass alle Patientinnen und Patienten einen guten Zugang zur Gesundheitsversorgung haben».

Qualitäts- oder Leistungssteigerungen auf allen Ebenen bei sinkenden Kosten. Dazu wird das Umfeld der Betroffenen entlastet: Angehörige wie Pflegepersonal und andere Leistungserbringer.

Die beteiligten Institutionen, Krankenkassen, Spitäler, Heime, können sich die CM-Kosten aufteilen. Diese liegen weit unter den Folgekosten einer nicht aufgearbeiteten problematischen Situation. Das entlastet letztlich auch den Steuerzahler.

5.1.1.5 Praxisbeispiel: Das Ehepaar Suter – Hochbetagte in komplexen Situationen

Die Ausgangslage

Herr und Frau Suter sind beide über 85 Jahre alt. Sie führten eine berühmte Gaststätte. Heute leben Suters zuhause und bewältigen den Alltag mit einer Putzhilfe, die sie einmal pro Woche unterstützt.

Gesundheitliche Situation

Bei Herr und Frau Suter besteht eine komplexe Krankheitssituation mit vielen Diagnosen. Ein Hausarzt fehlt. Stattdessen erbringen ständig wechselnde Fachärzte Behandlungen, ohne über Therapien und Medikation der Kollegen unterrichtet zu sein. Dabei kommt es regelmässig zu medizinischen Komplikationen und zu folgeschweren Notfällen, welche Hospitalisationen mit der Ambulanz nach sich ziehen. Nach einigen Spitaltagen werden Herr und Frau Suter jedes Mal in den problematischen, unveränderten Alltag entlassen.

Soziale Situation

Die fünf Kinder der Suters sind über die Situation ihrer Eltern besorgt. Sie leben in weit entfernten Landesteilen und bemühen sich vergeblich um eine grundlegende Änderung der Lage. Ihr gut gemeinter Vorschlag einer Seniorenresidenz als Alterswohnsitz wird von den betagten Eltern entschieden abgelehnt. Sie empfinden dies sogar als Bevormundung und ziehen sich zurück.

Problematik – anstehende Aufgaben

Ihre Autonomie beweisen Herr und Frau Suter, indem sie ihre langjährige Putzhilfe, eine Migrantin aus Südamerika, für ihre Pflege einspannen Die Putzhilfe verfügt aber über keinerlei Pflegekenntnisse und geniert sich, ihre Arbeitgeber duschen zu müssen. Zudem hat sie Angst, bei den gebrechlichen alten Menschen etwas falsch zu machen. Stattdessen verrichtet sie zusätzliche hauswirtschaftliche Aufgaben. Das Ehepaar freut sich, eine – im Vergleich zum Seniorenheim – so kostengünstige Lösung gefunden zu haben. Mangels Fachwissen übersehen alle drei die sich anbahnenden Krankheitskomplikationen. Herr Suter wird eines Nachts notfallmässig hospitalisiert wegen eines Lungenödems. Die ratlose Familie trifft sich einmal mehr im Spital.

Der Lösungsansatz

Gegen den Widerstand der Eltern bieten die Kinder eine Case Managerin im Spital auf. Diese zeigt die Chancen von CM auf, sowohl hinsichtlich der Lebensqualität wie auch finanziell. Auf Zureden der Kinder willigen die Eheleute ins CM-Verfahren ein, eine Zusammenarbeit wird vereinbart. Kaum zu Hause boykottieren Herr und Frau Suter das CM-Verfahren. Für sie ist «das ganze moderne Zeug von dieser Frau nur aus dem Fenster geworfenes Geld. Wir brauchen keine Hilfe und werden niemals in ein Seniorenheim eintreten!»

Sinnfrage vor Zielbestimmung – Endlichkeit als Chance

Die besorgten Kinder beschliessen, gemeinsam die Kosten des CMs zu tragen. Dies wiederum passt den Eltern nicht: «Wir sind und bleiben die Eltern. Die Arbeit dieser Frau können wir selbst bezahlen!»

Die Case Managerin macht eine Bestandsaufnahme. Bevor die Ziele gemeinsam festgelegt werden, geht sie mit dem Ehepaar Suter die Sinnfrage für alle drei Ebenen an. Ab disem Augenblick geben Herr und Frau Suter ihren Widerstand auf.

Was erscheint dem Ehepaar Suter sinnvoll für seine Zukunft?

Suters wünschen sich, selbstbestimmt (autonom) und nie getrennt voneinander so lange wie möglich in ihrem Zuhause leben zu können. Das ist für sie Lebensqualität. Der Eintritt ins Seniorenheim sei erst dann sinnvoll, wenn dort die Lebensqualität höher als zuhause sei. Dann sind beide auch bereit, die Kosten zu tragen.

Welche Problemlösung ist für die Institutionen sinnvoll?

Krankenkasse

Wiederkehrende, notfallmässige Hospitalisationen mit der Ambulanz und anschliessende Spitaltage belasten die Krankenkasse des Ehepaars Suter, ebenso die hohen Kosten für Medikamente, die Herr und Frau Suter unzuverlässig oder gar nicht einnehmen. Wirtschaftlich und menschlich sinnvoll wäre das Aufarbeiten der Gesamtsituation, um so dem nächsten vorprogrammierten Spitaleintritt und dessen Folgenkosten vorzubeugen.

Spital

Das Ehepaar Suter ist privatversichert. Rein wirtschaftlich betrachtet wäre ein unnötiger Verbleib für das Spitalbudget wünschenswert.

Ärzte

Jeder verantwortungsvoll handelnde Arzt zieht es vor, seine Patienten langfristig und abgestimmt mit den Berufskollegen zu behandeln, um Komplikationen zu vermeiden. Allerdings informiert das Ehepaar Suter seine ständig wechselnden Ärzte nicht, beginnt und beendet nach Gutdünken Therapien und nimmt die Medikamente nicht wie vorgeschrieben ein.

Sinnfrage auf der gesellschaftlichen Ebene

Auch für die Gesellschaft ist es von Nutzen, wenn Herr und Frau Suter ihre komplexe Krankheitssituation aufarbeiten und ihre Gesundheit stabilisieren. Dadurch werden Folgekosten vermieden, die sonst auf Krankenkassenprämien und andere Sozialausgaben überwälzt werden.

Die Endlichkeit des Lebens

Das Thema Sterben und Tod spricht die Case Managerin schon bald an. Sie berät Herr und Frau Suter beim Erstellen ihrer jeweiligen persönlichen Patientenverfügung und zieht dabei eine Ärztin hinzu, der beide vertrauen. Die Kinder sind verblüfft: «Wir hätten uns nie getraut, offen darüber mit den Eltern zu reden.» Die Eltern bekennen im Gegenzug: «Wir wagen nicht, das Thema Sterben mit unseren Kindern zu besprechen. Wir wollen sie lieber schonen.»

Aktiv am CM-Prozess beteiligten sich Herr und Frau Suter erst, nachdem sie sich der Sinnfrage gestellt hatten und auch die (eigene) Endlichkeit thematisiert hatten.

Auswirkungen des Case Managements

Dass die Case Managerin rund um die Uhr erreichbar ist, schafft Vertrauen und Sicherheit. Das Ehepaar Suter bezieht aufeinander abgestimmte Hilfeleistungen als Alternativlösung zum Seniorenheim. Zusammen mit den Fachärzten stabilisiert eine neu bestimmte Hausärztin die medizinische Situation. Die Leistungserbringung durch die Ärzteschaft geschieht nun koordiniert durch die Case Managerin. Herr und Frau Suter dürfen weitere Jahre gemeinsam in ihrem Zuhause verbringen und können den Eintritt ins Seniorenheim um Jahre hinauszögern. Dabei schonen sie die eigenen Finanzen bei einer insgesamt höheren Lebensqualität als vor dem CM.

Den Schritt in eine von ihnen selbst ausgesuchte Pflegewohnung in einem Seniorenheim kann das Ehepaar Suter selbstbestimmt und aus innerer Überzeugung nach dem 90. Altersjahr vollziehen. Für den Übergang holen sich Herr und Frau Suter erneut Hilfe bei «ihrer» Case Managerin. Geholfen hat ihnen dabei, wie sie selbst berichten, die Auseinandersetzung mit der eigenen Endlichkeit, d. h. ihrem Altern und Sterben. Als Herr Suter im Sterben liegt, ist seine Hausärztin gerade in den Ferien. Unbekannte Spitalärzte wollen – in Unkenntnis der Patientenverfügung – «lebensverlängernde» Massnahmen verfügen. Die Case Managerin informiert sie über Herrn Suters Patientenverfügung. Nach deren Vorlage werden die sterbensverlängernden Massnahmen eingestellt. Herr Suter kann selbstbestimmt so gehen, wie er es sich gewünscht hatte. Er schläft friedlich ein.

Umfeld und die betroffenen Institutionen

Die Situation für das Ehepaar Suter und deren Kinder entspannte sich merklich.

Das Budget der Krankenkasse wurde geschont. Ärzte und Spitalpersonal wurden entlastet, da (nächtliche) Hausbesuche und notfallmässige Spitaleinweisungen entfielen.

Die Krankheitssituation des Ehepaars wurde mit Case Management systematisch angegangen: Planung, Steuerung, Koordination der Leistungen und optimale Kommunikation unter den Beteiligten.

Gesellschaft

Auf gesellschaftlicher Ebene bewirkt das CM beim Ehepaar Suter, dass die (beschränkten) Heimplätze so lange wie möglich anderen zur Verfügung standen.

Case Management: Zugang und Kosten

In diesem Fall erhielt das Ehepaar Suter – zunächst unfreiwillig – auf Wunsch der Kinder Zugang zu CM. Denn Herr und Frau Suter waren aus dem CM ihrer Krankenkasse austriagiert worden. Das mit CM beauftragte Personal der Pro Senectute hatte gerade keine CM-Resssourcen für das Ehepaar Suter zur Verfügung. Wenige Wochen nach Aufnahme der Zusammenarbeit fragte die Case Managerin die Krankenkasse für eine Teilübernahme der CM-Kosten aus der Zusatzversicherung an. Der sofortige Bescheid lautete: «Wir haben jedes Interesse, sämtliche CM-Kosten zu übernehmen. Von den Zahlen her können wir direkt aufzeigen, dass die Kosten mit Beginn des CMs sanken.» Für den Versicherer lohne sich die Arbeit der auswärtigen Case Managerin um ein Vielfaches.

Derzeit ist CM für Hochbetagte wie das Ehepaar Suter nicht vorgesehen. Allerdings werden schon bald Krankenkassen zur Prävention des «Drehtüreffekts» ein CM für diese Klientel anbieten (müssen), um die ausufernden Kosten zu senken. Dementsprechend wird dieses Verfahren auch gesellschaftlich anerkannt werden.

Zur Situation von Hochbetagten in komplexen Situationen

Hochbetagte sind über 85-jährige Menschen. Im Krankheitsfall weisen sie meist mehrere Diagnosen auf. Befinden sich darunter chronische Krankheiten, kommt es zu Behinderungen mit Einschränkungen der Lebensqualität und häufig zu Folgekosten. Hochbetagte in komplexen Situationen werden in Deutschland bei Hospitalisationen in Unikliniken mit CM aufgefangen, zumindest in Köln und Hamburg. Damit wird die Versorgung zwischen Institutionen (Spital, Rehabilitation, Übergang Heimeintritt) oder Rückkehr nach Hause gewährleistet. Eine kontinuierliche, vernetzte Versorgung für Hochbetagte im häuslichen Bereich ist noch Zukunftsmusik: In der Schweiz erhalten Hochbetagte in Geriatrieabteilungen vor der Entlassung aus dem Spital spezielle Austrittsgespräche und eine Beratung. Im besten Fall hat eine Sozialarbeiterin mit einer CM-Weiterbildung Leistungen für sie organisiert. Niemand ist zuhause wirklich «verantwortlich» und übernimmt dort die komplizierte Koordination der kontinuierlich angepassten Leistungserbringung über Monate hinweg. Die Betroffenen und die (meist überforderten) Angehörigen sind wieder ihrem Alltag überlassen. Auf sich gestellt, finden sich Hochbetagte in komplexen Krankheitssituationen und Spitalpersonal regelmässig mit denselben, ungelösten Problemsituationen wieder im Spital. Ufern die Behandlungskosten aus, versuchen Fallmanagerinnen aus Krankenkassen die komplexe Situation von Hochbetagten mit CM in den Griff zu bekommen. Es setzt zaghaft ein Umdenken ein.

Die Kosten des Gesundheitswesens in der Schweiz beliefen sich 2008 auf 19,5 Mrd. Franken. Die Spitalkosten stiegen um 6,3 Prozent, dies ist die stärkste Zunahme seit 2002. Die Kosten für einen Betreuungstag im Spital für allgemeine Pflege beliefen sich 2008 auf CHF 1489.– (BFS, 30. November 2009: 1). Mehr als die Hälfte der Kosten für Güter und Dienstleistungen des Gesundheitswesens entfiel 2007 auf die Krankenhäuser (BFS, 2009). Die Gruppe der älter als 70-Jährigen wies 2008 mit 13 Tagen (12,80) die höchste durchschnittliche Spitalaufenthaltsdauer auf (BFS, 2008) und 2007 ebenfalls die höchste Zahl der Spitalwiedereintritte: 23,7 % werden zweimal jährlich hospitalisiert, 13,5 % sogar drei- bis fünfmal (BFS, 2008 a). Vier Hospitalisationen zu 13 Tagen oder zu insgesamt 52 Tagen à CHF 1489.– entsprechen CHF 77 428.– oder einem Jahreslohn einer Pflegefachfrau. Wenn hierbei die Problematik des Betroffenen nicht aufgearbeitet wurde, kommt es weiterhin zu kontinuierlich steigenden Gesundheitskosten, die über die Krankenkassenprämien und Steuern verrechnet werden. Dies belastet die Gesellschaft zunehmend. Wiederkehrende Spitaleintritte von Hochbetagten, der sog. Drehtüreffekt, entstehen durch das – medizinisch wie wirtschaftlich – kurzfristig angelegte Symptombekämpfungsdenken und belasten die Gesellschaft ökonomisch unnötig.

Zukunftsprognosen

Die meisten Hochbetagten in komplexen Krankheitssituationen werden heute von den Angehörigen gepflegt und betreut, bis diese an Belastungsgrenzen stossen. Dies wird sich künftig noch zuspitzen, da laut Bundesamt für Statistik das Bevölkerungswachstum der kommenden 30 Jahre ausschliesslich die über 45-Jährigen betrifft. Die Zahl der über 80-Jährigen nimmt z. B. gegenüber heute um mehr als das Zweieinhalbfache zu. Im Jahre 2050 werden in der Schweiz fünfzig Personen im Alter über 65 Jahren auf hundert Personen zwischen 20 und 64 Jahren kommen. Dies entspricht gegenüber heute einer Verdoppelung des so genannten «Altersquotienten» (BFS, 2006: 7). Die Privatisierung wird auch die Alterspflege erfassen und könnte – schlimmstenfalls – der Altersdiskriminierung Tür und Tor öffnen.

Die materiell begüterten Hochbetagten werden die Dienste von privaten ambulanten Pflegeorganisationen beanspruchen können, die sich auf deren Bedürfnisse einstellen. Auf Geriatrie spezialisierte Ärztenetzwerke werden entstehen. Die Frage ist, ob und wie schnell Erkenntnisse aus der sich mittlerweile rasch entwickelnden Geriatrie auch für materiell weniger begüterte Patientengruppen verfügbar sein werden. Sicher ist: Alleinstehende Hochbetagte ohne begleitende Betreuung werden durch den Drehtüreffekt für alle enorme Kosten verursachen, bis das Problem von Krankenkassen und Spitälern, und damit von der Gesellschaft, auch als das ihre erkannt wird.

CM für Hochbetagte

«Wer alt werden will, muss beizeiten damit anfangen», lautet ein spanisches Sprichwort. Wer seine subjektive Lebensqualität auch im Alter aufrechterhalten und selbstbestimmt alt werden möchte, muss sich bereits in jungen Jahren überlegen, wie er/sie dies finanzieren wird. Ganzheitliches CM ist das mögliche Werkzeug dazu. Eine faire Aufteilung der Finanzierung unter allen Beteiligten wird die materiellen Ressourcen aller schonen. Das CM-Verfahren lohnt und rentiert sich für alle.

5.1.1.6 Praxisbeispiel: Frau Blum – Menschen mit einer Demenz

Die Ausgangssituation

Frau Blum ist eine etwas über 70-jährige, sehr kultivierte und humorvolle Dame. Sie bereiste die ganze Welt, da sie erfolgreich als Dolmetscherin für eine international tätige Firma arbeitete.

Gesundheitliche Situation

In den letzten Monaten magerte Frau Blum stark ab, weshalb sie von ihrem Hausarzt, einem Spezialisten für Onkologie, gründlich untersucht wurde. Ein offenbar seit Jahren bestehendes Gefässproblem kam so zum Vorschein, nicht jedoch die Ursache des Gewichtsverlustes.

Soziale Situation

Frau Blum ist ledig. Die Nichte und der Neffe leben an verschiedenen Orten im Ausland. Zu ihnen bestehen herzliche und tiefe Beziehungen, was mittels moderner Kommunikationsmittel und Flugreisen gepflegt wird. Als bei Frau Blum eine zunehmende Verwahrlosung nicht mehr zu übersehen ist, kontaktiert ein besorgter Nachbar telefonisch die Nichte und berichtet, dass der Briefkasten der Tante nicht mehr regelmässig geleert werde und kürzlich ein Küchenbrand stattgefunden habe. Die Nichte, eine bekannte Persönlichkeit aus der Politik, bittet telefonisch den Hausarzt um Hilfe.

Problematik – anstehende Aufgaben

Der Hausarzt schlägt den täglichen Besuch einer ambulanten Pflegeorganisation vor. Damit soll allmorgendlich eine betreuende Kontrolle gewährleistet sein. Die Angestellten, die nach der Umstrukturierung ihrer Institution unter Spardruck stehen, wechseln sich täglich ab und erscheinen regelmässig um Stunden verspätet. Frau Blum, welche die Termine vergisst, treffen sie nicht an. Nach drei Wochen wird die Zusammenarbeit eingestellt. Ein folgeschwerer Sturz führt zu einer notfallmässigen Hospitalisation mit der Ambulanz. Im Austrittsbericht, in der die Zusatzdiagnose Demenz aufgeführt ist, rät der Spitalarzt aus der Universitätsklinik, das Gefässproblem von Frau Blum chirurgisch anzugehen.

Der Lösungsansatz

Der Hausarzt schlägt Frau Blum die Zusammenarbeit mit einer Case Managerin vor. Frau Blum erwidert sehr bestimmt, man solle sich auf den Gewichtsverlust konzentrieren. Nach einer zweiten notfallmässigen Hospitalisation empfiehlt der Spitalarzt, dringend die Situation der Patientin zu Hause anzugehen. Der Hausarzt wie die Angehörigen üben sanften Druck auf Frau Blum aus. Sie willigt lediglich in ein Erstgespräch mit der Case Managerin ein. Diagnosebedingt hat Frau Blum weder Krankheitseinsicht noch die Übersicht über ihre Situation. Die Case Managerin zeigt Frau Blum mögliche Chancen des CMs auf. Mit vielen Vorbehalten willigt Frau Blum ein.

Sinnfrage vor Zielbestimmung – Endlichkeit als Chance

Noch vor der Bestandsaufnahme und der Zielsetzung geht die Case Managerin die Sinnfragen mit Frau Blum an. Was erscheint Frau Blum sinnvoll für ihre weitere Lebensplanung? Frau Blum bekundet ihre grosse (und auch berechtigte, Anmerkung der Autorin) Furcht vor einer Operation und gleichzeitig vor den Folgen bei Unterlassung (Verbluten). Sie möchte bis zum Lebensende möglichst selbstbestimmt leben und dabei respektiert werden: «Mein Bruder verstarb vor einem Jahr. Er erhielt alle medizinischen Behandlungen und vegetierte nur noch. Für mich wäre das sinnlos.»

Welche Problemlösung ist für die Institutionen sinnvoll?

Krankenkasse

Für die Krankenkasse steht im Vordergrund, dass Frau Blum ihre Lebensmöglichkeiten in die Hand nimmt, damit keine weiteren (kostspieligen) Notfälle entstehen.

Spital

Das Spital rechnet die Aufenthalte mit der Fallkostenpauschale ab. Es hat Interesse, dass seine Patientin (nicht wieder) notfallmässig hospitalisiert wird.

Hausarzt

Er steht unter Spardruck (durch die Krankenkasse), Erfolgsdruck (durch die Angehörigen) und Erwartungsdruck (sich selbst gegenüber), da er sich mit Frau Blum verbunden fühlt. Er befürwortet ein ganzheitliches Angehen der Probleme.

Sinnfrage auf der gesellschaftlichen Ebene

Frau Blum ist einer von vielen Menschen, dessen ungelöste Lebens- und Krankheitssituation die Kosten im Gesundheitswesen steigen lässt. Die Krankenkassenmitglieder und Steuerzahler wünschen eine Eindämmung der Kosten.

Auswirkungen des Case Managements

Betroffene

Frau Blum, ihre Case Managerin und der Hausarzt zielen auf eine Klärung der medizinischen Möglichkeiten ab. Nach den Abklärungen beim Gefässspezialisten und Neurologen, bei denen sie von ihrer Case Managerin begleitet wird, setzt Frau Blum mit der beratenden Hilfe der Case Managerin ihre individuelle Patientenverfügung auf. Die Auseinandersetzung mit dem Tod stützt den Entscheid, die nicht risikolose Operation zu umgehen und Hilfeleistungen zuzulassen: Hauswirtschaft, Pflege, wöchentliche Besuche in der Tagesklinik, Fahrdienst, Pédicure, Hilfsmittel (Hörgerät, Gehhilfe, Brille, Inkontinenzmaterial) und Besuche beim Haus- bzw. bei den Fachärzten (Neurologe, ORL, Augenarzt). Die Case Managerin organisiert, steuert, koordiniert und gewährleistet die Kommunikation unter allen Beteiligten. In der Tagesklinik verblüfft die zunehmend vergesslicher werdende Frau Blum die Mitpatientinnen mit Fotovorträgen über ferne Länder. Der Eintritt in eine passende Wohngruppe für Menschen mit Demenz erfolgt Jahre später und selbstbestimmt, wobei wieder auf die Unterstützung der Case Managerin zurückgegriffen wird. Trotz der fortschreitenden Demenz empfindet Frau Blum Lebensqualität.

Arzt und Pflegeorganisation

Die anfänglich verhaltene Auflehnung seitens Hausarzt und Angestellten der örtlichen ambulanten Pflegeorganisation gegenüber CM verschwindet, als sie im CM für sich Entlastungsmöglichkeiten wahrnehmen.

Gesellschaft

Die Möglichkeit, Frau Blums krankheitsbedingt komplexe Situation mit CM anzugehen, entlastete die Gesellschaft von Folgekosten, denn Frau Blum musste nie mehr hospitalisiert werden. Sie starb übrigens nicht an den Folgen der bewusst unterlassenen Operation.

Case Management: Zugang und Kosten

Zugang zu CM erhielt Frau Blum, da ihr Hausarzt, trotz Überforderung mit ihrer komplexen Situation, von verschiedenen Seiten aufgefordert wurde, die Problemlösung dringend anzugehen. Probleme zu lösen, die vordergründig nicht medizinischer Natur sind, ist für einen Facharzt ungewöhnlich.

Frau Blum wurde ursprünglich aus dem CM ihrer Krankenkasse austriagiert. Trotzdem erstattete die Krankenkasse später vollumfänglich die Kosten des CM-Verfahrens. Denn obwohl das CM ein Jahr dauerte, betrugen die Gesamtkosten nur ein Viertel des letzten Spitalaufenthaltes von Frau Blum.

CM für Demenzerkrankte wie Frau Blum ist in der Schweiz noch die Ausnahme.

Zur Situation von Menschen mit einer Demenz

Das Hauptrisiko einer Demenz ist das Alter. Im Jahr 2008 lebten in der Schweiz 102 000 Demenzkranke. In der Altersklasse 90+ gibt es in unserem Land pro Jahr 4000 Neuerkrankungen. Nur 40 % der Menschen mit Demenz leben in Heimen (Schweizerische Alzheimervereinigung, 2009: 1). Bis heute gibt es keine Heilung für diese Krankheit.

Auffällige Symptome, wie Abnahme des Gedächtnisses, des Urteilvermögens und der Orientierung sowie Persönlichkeitsbeeinträchtigungen, die zu herausforderndem Verhalten und sozialem Rückzug führen können, verunsichern das soziale Umfeld. Das Krankheitsbild gilt unter Pflegenden als eines der anspruchvollsten, doch in der Gesellschaft wird Demenz oft tabuisiert. In diesem Zusammenhang müssen auch Vorfälle mit hilflosen alten Menschen mit Demenz gesehen werden, die vergessen, vernachlässigt, misshandelt, entwürdigt wurden. Sie werden (noch) als Ausnahmeerscheinungen wahrgenommen. Die unabhängige «Beschwerdestelle für das Alter Schweiz» schätzt, dass «... mehr als einer von zwanzig alten Menschen von Misshandlung und Vernachlässigung betroffen ist. ... Unter Misshandlung alter Menschen versteht man sowohl gezielte Handlungen, die die Betroffenen belasten, verletzen, schädigen oder einschränken, als auch bewusstes oder unbewusstes Unterlassen von notwendiger Unterstützung» (Unabhängige Beschwerdestelle für das Alter Schweiz: 1). Diese Zahl bezieht sich auf alle alten Menschen, unabhängig davon, ob sie dement sind und ob sie im Heim oder zuhause leben.

Etwa 60 % der Demenzkranken werden durch die Angehörigen rund um die Uhr und jahrelang, bis zur eigenen Erschöpfung, zu Hause betreut. Die pflegenden Angehörigen weisen selbst ein hohes Erkrankungsrisiko auf.

Zunehmend mehr Betroffene leben allein, sind vereinsamt und verwahrlosen. Staatliche Heime haben lange Wartelisten, finanziell besser gestellte Menschen können sich nach einer kurzen Wartezeit spezialisierte Pflege- und Seniorenresidenzen leisten.

Mit dem Krankheitsbild einher gehen Scham und die Tabuisierung der Folgen. Die wenigsten Menschen mit Demenz haben in einer individuellen Patientenverfügung ihre ausdrücklichen Wünsche zu Betreuung, Pflege und ihrer persönlichen Definition von Lebensqualität festgehalten. Die Persönlichkeitsveränderung und die Unsicherheit, ob für die betroffene Person die Vorgehensweise erwünscht ist, belasten die Angehörigen, aber auch viele professionelle Pflegende. Ohnmacht und Gewissensqualen sind die Folge.

Demenz ist einer der wichtigsten Gründe für den Heimeintritt, obwohl Menschen mit Demenz so lange wie möglich zuhause leben möchten. Was wäre tatsächlich für alle Beteiligten am sinnvollsten? Je länger die Erkrankten in ihrem gewohnten Alltag verbleiben, desto geringer sind der Pflegeaufwand und die resultierenden Folgekosten. Dies bedingt allerdings spezialisierte Betreuungs- und Entlastungsangebote für die Angehörigen, was flächendeckend nicht vorhanden ist. Zudem mangelt es an Entlastungsmöglichkeiten für pflegende Angehörige oder an Heimen mit Kurzzeitbetreuung. Es fehlen Plätze in passenden Wohnformen mit einem Garten, wo die Betroffenen sich selbstständig und sicher bewegen können. Die meisten Menschen mit Demenz sind heute noch immer in Pflegeheimen untergebracht, wo sie jedoch überwiegend nur körperliche Pflege erhalten. Die HeimbewohnerInnen mit Demenz sind sich meist selbst überlassen und verkümmern ohne sinnvolle Aufgaben und angepasste Aktivitäten.

Menschen mit Demenz gehören zu den kostenintensivsten Krankheitsgruppen im hohen Alter. Die Alzheimervereinigung zitiert eine Studie von 1998, welche zeigt, dass sich in der Schweiz die durchschnittlichen Direktkosten für das Gesundheitswesen (ohne die Eigenleistungen der Betroffenen) pro Mensch mit Demenz, der zu Hause lebt, jährlich auf CHF 16 000.– belaufen, im Vergleich zu CHF 73 000.– für einen im Heim lebenden Menschen mit Demenz (Schweizerische Alzheimervereinigung, 2009a: 1). Die (noch) kostenlos pflegenden und betreuenden Angehörigen schonen die materiellen Ressourcen von Institutionen und Gesellschaft. Politisch wird gerne beteuert, dass die Versorgung von Menschen mit Demenz eine gesamtgesellschaftliche Aufgabe sei. Spätestens bei der Kosten-Nutzen-Diskussion scheitert es an der Finanzierung: Wirtschaftlich lohnender erscheint die Rehabilitation von verunfallten, jungen Menschen, die im Arbeitsprozess stehen, als die Versorgung alter Menschen mit Demenz, welche ohnehin bald sterben und, ökonomisch betrachtet, der Gesellschaft nichts mehr bieten können.

Zukunftsprognosen

«Heute ist jede 22. Person 80 Jahre oder älter, im Jahr 2050 wird es bereits jede 9. Person sein. Weil der Hauptrisikofaktor einer Demenz das Alter ist, nimmt die Anzahl Kranker in der Schweiz zu» (Schweizerische Alzheimervereinigung: o. J.: 1). Die hohe Zahl von Menschen mit Demenz wird entsprechend mehr Pflege und Betreuung benötigen. In Deutschland und der Schweiz geht man von einer Verdoppelung aus. Die kostenlose Angehörigenhilfe wird künftig mehr und mehr durch professionelle Hilfe ersetzt und bezahlt werden müssen. Schon heute haben wir aber das Problem, dass zu wenig Junge alte Menschen pflegen wollen, Menschen im Heim zu pflegen gilt als unattraktiv.

CM für Menschen mit einer Demenz

Trotz beachtlichem Arbeitsaufwand und anspruchsvoller Arbeit ist CM gerade für diese Personengruppe menschlich und ökonomisch sinnvoll. CM durch eine speziell geschulte und erfahrene Case Managerin, welche sich nicht scheut, die Tabus um Demenz und die Endlichkeit der Mittel bzw. des Lebens zu thematisieren, wirkt entlastend auf alle Beteiligten und spart an allen Stellen beträchtliche Kosten.

Die Arbeit mit Menschen mit Demenz ist Teamarbeit. Erfahrungsgemäss kann CM Eintritte von Menschen mit Demenz ins Pflegeheim oder ins Spital jahrelang hinausschieben oder umgehen. Die meisten Institutionen sind von Sparmassnahmen betroffen und haben weniger Zeit für die ihnen Anvertrauten. CM unterstützt die Angestellten in Institutionen bei den Übergängen (Spitalaustritte, Heimeintritte), damit die Schwächsten nicht auf der Strecke bleiben oder die Ausgaben ausufern. Die anfallenden Kosten für Menschen mit Demenz fallen nicht weg, sie werden nur umgelagert auf andere Leistungsanbieter. Bestenfalls sind sie etwas tiefer (Hinausschieben des Eintrittes ins Heim, Gratisarbeit dank optimal angeleiteten und begleiteten Angehörigen/Freiwilligen).

5.1.1.7
Praxisbeispiel: Herr Knut – Menschen in Palliative Care-Situationen

Definition von Palliative Care

«Palliative Care unterstützt und begleitet schwerkranke und sterbende Menschen. Sie umfasst medizinische Behandlungen, pflegerische Interventionen sowie psychische, soziale und spirituelle Unterstützungen» (Bundesamt für Gesundheit, 2009: 11). Palliative Care erhebt nicht den Anspruch, zu heilen, sondern zu lindern. Palliative Care-Situationen können sich über Jahre hinziehen. Dabei müssen Betroffene mitunter dem Aktivismus eines Onkologen oder Universitätsspitals Einhalt gebieten.

Die Ausgangssituation

Herr Knut ist 66 Jahre. Er arbeitete als Verwaltungsangestellter und liess sich zwei Jahre vorzeitig pensionieren.

Gesundheitliche Situation

Vor einigen Jahren wurde bei Herrn Knut ein Bronchuskarzinom diagnostiziert (sog. Lungenkrebs). Herr Knut durchlief sämtliche zur Verfügung stehende Therapien.

Soziale Situation

Herr Knut ist verheiratet und kinderlos. In der therapiefreien Zeit unternehmen seine Frau und er ausgedehnte Reisen, am liebsten mit dem Auto.

Problematik – anstehende Aufgaben

Schwerste Atemnot führt Herrn Knut nach seiner letzten Auslandsreise direkt ins Spital. Dort teilt die Ärzteschaft ihm und seiner Ehefrau mit, dass eine Rückkehr nach Hause utopisch sei. Frau Knut widersetzt sich dem vehement. Man einigt sich auf einen Kompromiss: eine Nacht. Der Spitalarzt sagt später zur Case Managerin: «Aufgrund des Röntgenbildes ist uns schleierhaft, wie in Herrn Knuts Lungen der Gasaustausch überhaupt noch stattfinden kann. Ein Verbleib daheim ist ausgeschlossen! Wir lassen den Patienten für eine Nacht ziehen, nur damit er erlebt, dass es zuhause nicht mehr geht. Wir halten sein Bett frei, zur Not weisen Sie ihn per Ambulanz wieder ein.»

Der Lösungsansatz

Eine um Rat angefragte Nachbarin vermittelt eine Case Managerin, welche sich am selben Tag im Spital beim Ehepaar und dem Spitalpersonal vorstellt. Frau Knut willigt sofort ins CM-Verfahren ein, Herr Knut nach einigem Zögern. Die Case Managerin rät, eine Nacht Bedenkzeit einzulegen. Am andern Tag übermittelt Herr Knut der Case Managerin telefonisch seine Zusage fürs CM.

Sinnfrage vor Zielbestimmung – Endlichkeit als Chance

Noch im Spital geht die Case Managerin mit Familie Knut die Sinnfrage für alle drei Ebenen an: Was erscheint Herrn Knut sinnvoll für die ihm verbleibende Lebenszeit?

Der Ansatz, die Patientenwünsche einzuholen und zu respektieren, muss konsequent verfolgt werden. Dies sollte auch dann geschehen, wenn die Betroffenen manchmal keine Übersicht über ihre Situation haben, nicht über ihre Lage reden können bzw. wollen und auch, wenn Angehörige vermeintlich wissen, was für die Person «das Beste» ist oder Ärzte und Pflegepersonal ihre Sicht der Dinge durchsetzen möchten. Was der Patient will, kann man nur von ihm selbst im Gespräch erfahren und täglich neu umsetzen. Auch und besonders, wenn ein Patient im Sterben liegt. Im gemeinsamen Gespräch mit der Case Managerin stellt sich heraus, dass Herr Knut hin- und hergerissen ist zwischen Schuldgefühlen seiner Gattin gegenüber und eigenen Bedürfnissen. Frau Knut will ihren Mann nach Hause nehmen. Herr Knut fürchtet, zuhause ersticken zu müssen. Er sagt, sinnvoll wäre eine Lösung, welche beide Anliegen verbindet.

Welche Problemlösung ist für die Institutionen sinnvoll?

Spitalärzte

Unter der Ärzteschaft aus den verschiedenen Disziplinen breitet sich ein Kompetenzkampf über die weitere medizinische Versorgung Herrn Knuts aus. Noch immer hat für die Mediziner «Leben um jeden Preis zu retten» – auch aus juristischen Erwägungen – Vorrang vor «Leid lindern», auch wenn dieser Ansatz bei unheilbar Kranken mittlerweile in der klinischen Medizin hinterfragt wird. Die Case Managerin gibt zu bedenken, dass Teamarbeit sinnvoll sei, um mit dem Patienten seine Wünsche und Bedürfnisse abzuklären und gemeinsam mit ihm umzusetzen. Zudem sei die vom Patienten angestrebte Lösung wirtschaftlich.

Krankenkasse

Die Krankenkasse lässt Herrn Knut die Wahl, welchen selbstbestimmten Weg er gehen möchte: Ob er seine restliche Lebenszeit zu Hause, im Akutspital oder auf einer Palliativstation verbringen möchte. Bei Patienten im «Terminalstadium», deren Tod und damit die anfallenden Kosten absehbar sind, übernehmen die Krankenkassen die Kosten bereitwilliger als bei Chronischkranken in einer Palliativsituation, weil sie zum Teil noch eine lange Lebenserwartung haben.

Sinnfrage auf der gesellschaftlichen Ebene

Individuelle Lösungen, welche Herrn Knut und seine Frau in der Übernahme der Selbstverantwortung, auch im Sterben, unterstützen, können der Gesellschaft die Folgekosten einer nicht ganzheitlich angegangenen Situation ersparen: Werden Schwerkranke und ihre Angehörige an die Hand genommen und über den gesamten Prozess eng begleitet, wird parallel dazu die für sie anstehende Leistungserbringung auf ihren tatsächlichen Bedarf abgeklärt, geplant und koordiniert erbracht. Dies spart Kosten. Besonders wichtig ist dabei, Lücken in der Leistungserbringung und Kommunikationsprobleme zu vermeiden. Gerade in der Sterbephase sind die Ängste und Unsicherheiten der Betroffenen und ihrer Angehörigen besonders gross. Zuhause zu sterben, wagt nur, wer sich dort auch medizinisch, pflegerisch und menschlich aufgehoben fühlt. Angehörige, Freunde und Bekannte, die fortlaufend angeleitet werden, übernehmen in der Regel freiwillig dann auch Pflege- und Betreuungsaufgaben, was sich kostensenkend auswirkt.

Auswirkungen des Case Managements

Betroffene

Die Patientenverfügung des sterbenden Herrn Knut und seiner Frau ist Anlass für jedes Familienmitglied, sich mit Tod und Sterben auseinanderzusetzen und sich gegenseitig Ängste und Hoffnungen zu gestehen. Die Case Managerin schöpft alle Versorgungsmöglichkeiten im ambulanten Bereich aus und koordiniert die Versorgung unter den Leistungserbringenden, damit Herr Knut zuhause bleiben kann. Zusätzlich organisiert sie, dass im Bedarfsfall ein mobiles Team der Palliative Care sowie ein Bett der Palliativstation auf Abruf zur Verfügung stehen – beides Angebote, welche nie gebraucht wurden. Das Ehepaar möchte zuhause gemeinsam die Pflege übernehmen. Nach entsprechenden Anleitungen und laufenden Beratungen kontrolliert die Case Managerin regelmässig, dass sich Familie Knut dabei nicht überfordert. Hilfsmittel (u.a. Sauerstoff) und Medikamente erleichtern wesentlich den Alltag von Herrn Knut. Nach einem Monat, in dem keine Zusatzhilfe durch professionell Pflegende und auch keine weiteren Spitaleintritte nötig waren, schläft Herr Knut schmerzfrei und ohne Atemnot friedlich bei seiner Frau zuhause für immer ein. Bis am Vorabend seines Todes war er mobil. Frau Knut empfand es rückblickend als die intensivste gemeinsame Lebenszeit, wenn sie auch schwierig war. Ihr Mann habe bis zum Schluss eine hohe Lebensqualität erleben dürfen und «ich habe erlebt, dass Sterben etwas Natürliches ist.»

Spital

Für das Spitalpersonal von Herrn Knut ist die Vorstellung, dass ein Schwerstkranker zuhause gut versorgt ist und dort stirbt, unüblich. Nach den ersten Gesprächen schwinden aber die Widerstände gegen das CM-Verfahren, das dem Kranken und den Beteiligten neue Möglichkeiten eröffnet. Durch das CM erfolgte eine bisher nie dagewesene Zusammenarbeit, da der Informationsaustausch zwischen der Spezialistin (Psychoonkologie-Pflegefachfrau), Ärzteschaft aus dem Spital, dem Hausarzt, den Angestellten aus der Apotheke, dem Zulieferer von Sauerstoff, den Nachbarn und Familie Knut laufend koordiniert wurde und optimal verlief, trotz etlicher Stresssituationen. Der Spitalarzt sagte nach Herrn Knuts Tod: «Dieses Vorgehen bei unseren Patienten aus dem Palliative-Care-Bereich ist sehr sinnvoll. Es sollte vermehrt angewendet werden.»

Krankenkasse

Der Krankenkasse hat das CM hohe Spitalkosten erspart. Die einmonatige Versorgung von Herrn Knut zuhause lag weit unter dem Spitalsatz. Seine restliche Lebenszeit zuhause statt in einem Spital zu verbringen, ist der Wunsch der meisten Menschen, besonders Todkranker. Zudem hat dieses Vorgehen auch den Steuerzahlenden entlastet durch Einsparung von Spitaltagen, kostspieligen Therapien und notfallmässigen Spitaleinweisungen mit der Ambulanz.

Case Management: Zugang und Kosten

Zugang zu CM erhielt Herr Knut zufällig, weil seine Nachbarin eine Case Managerin persönlich kennt. Das CM dauerte einen Monat. Versicherte in Palliative-Care-Situationen werden üblicherweise aus dem CM der Kasse austriagiert. Herr Knuts CM-Kosten beliefen sich auf weniger als drei Spitaltage. Im Vergleich dazu betrug Herr Knuts Lebenszeit ab Einschalten der Case Managerin einen Monat.

Die meisten Akutspitäler bieten ihren Patienten in Palliative-Care-Situationen kein CM an, dafür einen Aufenthalt auf einer Palliativstation. Das CM von Herrn Knut sparte Spitalkosten für die weitere stationäre Versorgung, welche seine Versicherung hätte bezahlen müssen. Auch konnte Herr Knuts Bett Bedürftigeren zur Verfügung gestellt werden.

Zur Situation von Menschen in Palliative Care

In der Schweiz erfahren Menschen in einer Palliative-Care-Situation immer wieder, dass die Lücken im System eine kontinuierliche, individuelle Beratung, Versorgung, Koordination und Finanzierung der Leistungen nicht erlauben, weshalb es immer wieder zu Notfallhospitalisationen und der Besetzung von Akut- und Notfallbetten kommt. Dies zieht entsprechende Folgekosten nach sich, ohne dass dabei bis jetzt eine langfristig befriedigende Lösung angesteuert ist.

Zukunftsprognosen

Palliative Care wird zunehmend wichtiger werden. Herzkreislaufkrankheiten, Krebs und Demenz sind die drei häufigsten Todesursachen in der Schweiz. Todesfälle nach Krebserkrankungen stehen an zweiter Stelle. Von allen Krebsarten ist der Lungenkrebs mit 19 % der Krebstodesfälle weitaus am häufigsten (BFS, 07. September 2010: 1). Die Sterberaten bei Herzkreislaufkrankheiten sinken (Todesursachen des Jahres 2008, Medienmitteilung). Herzkreislaufkrankheiten, Krebs und Demenz zählen zu den chronischen Erkrankungen und gehen üblicherweise mit langen Krankheitsphasen einher. Da mit dem Alter das Risiko für eine chronische Erkrankung steigt, wächst die Zahl alter und chronisch Kranker kontinuierlich mit der steigenden Lebenserwartung. Aufgrund der zu erwartenden epidemiologischen und demografischen Entwicklung der nächsten Jahrzehnte wird Case Management in Palliative Care als multiprofessionelles Versorgungskonzept an Bedeutung gewinnen.

CM für Menschen in einer Palliative Care-Situation

Herr Knuts Beispiel ist kein Einzelfall und zeigt, wie CM in Palliative Care-Situationen auf allen drei Ebenen wirken kann. Jeder Mensch möchte in Würde sterben und wünscht sich auch für seine Angehörigen eine würdevolle Begleitung. Eine Befragung in Deutschland von palliativ behandelten Tumorpatienten zeigte, dass 76 % der Befragten den Wunsch äusserten, zu Hause zu sterben. In der Schweiz ist die Rate der Menschen, die zuhause sterben mit etwas über 20 % im Vergleich mit anderen europäischen Ländern sehr niedrig (Eychmüller et al., 2009: 27). Ganzheitlich durchgeführtes CM kann unheilbar erkrankten Menschen in ihrer verbleibenden Lebenszeit die Furcht vor dem Verlust der Selbstbestimmung und die Angst, eine Belastung für die Angehörigen zu werden, nehmen. Gleichzeitig mobilisiert ein ganzheitlich angegangenes CM die verbleibenden Kräfte der Sterbenden und ihrer Angehörigen. CM respektiert dabei Leben, Sterben und den Sterbewunschort gleichermassen.

Entscheidend sind eine funktionierende Teamarbeit zwischen allen Prozess-Beteiligten und eine Kontinuität der Leistungserbringung bis zum Lebensende der Betroffenen am jeweiligen Aufenthaltsort: Mediziner und Pflegende, Spital, Palliativstation und Heim bzw. ambulante Pflegeversorgung zuhause, Betroffene und

Angehörige bilden ein Netzwerk. Nur so können die Betroffenen zu ihrer individuellen Entscheidfindung gelangen und die Angehörigen optimal begleitet und gleichzeitig entlastet werden. Die Case Managerin muss diesen Prozess, speziell den der heiklen Kommunikation, steuern und darf dabei nicht vor den entscheidenden Fragen nach Sterben und Tod, nach Wünschen, Ängsten und nach schwindenden finanziellen Ressourcen zurückschrecken. Sie kann als Aussenstehende vieles ansprechen, was sonst – aus falsch verstandener Rücksichtnahme – ungesagt oder ungefragt geblieben wäre. Klarheit ist aber nötig, damit die Betroffenen frei wählen können und Mediziner und Pflegende, aber auch die Angehörigen entlastet werden.

Wegen der steigenden Zahl der Betroffenen wird es einen höheren Bedarf für CM in diesem Bereich geben. CM in Palliative Care-Situationen wird helfen, dass die Betroffenen ihre verbleibende Lebenszeit würdig verbringen können und dabei gleichzeitig Akut-, Notfall- und Heimbetten und somit Folgekosten für Versicherte und Steuerzahler eingespart werden.

5.2 Das Verfahren Case Management ohne Triage

«Menschenbild? Was soll das sein? Hab ich noch nie gehört»
Ein Sozialversicherungsexperte bei einer CM-Weiterbildung

In den Praxisbeispielen haben Sie typische Klienten-Gruppen kennengelernt, die nach der heute üblichen Praxis kein CM erhalten hätten. Aus vielen Gesprächen mit CM-Dozenten und CM-Teamleiterinnen weiss ich, dass meine Art, CM zu betreiben, nicht dem üblichen Vorgehen entspricht. Vergleiche ich aber meine «unübliche» CM-Praxis mit dem, was heute vermittelt und praktiziert wird, dann stelle ich fest: Meine Arbeitsweise mag nicht lehrbuchkonform sein, aber sie spart Kosten, obwohl ich Klienten betreue, die gerade aus Angst vor ausufernden Kosten üblicherweise austriagiert werden und kein CM erhalten. Es herrscht die Meinung vor, dass sich dieses CM für das Gesundheits-, Sozial- und Versicherungswesen niemals «rechnen» könnte. Dennoch ist es mir mit meinem Verfahren gelungen, Kosten einzusparen. Wie kann das sein?

Mein CM beruht zum einen auf einer Haltung, einem gewissen Menschenbild und dem Anspruch auf Ganzheitlichkeit, was ich im Kapitel 2.5 ausführlich erläutert habe. Darüber hinaus ist es eine Tatsache, dass ungelöste Probleme kosten, je länger, desto mehr. Menschen und deren komplexe Lebenssituationen, die auch deren Umfeld, verschiedene Institutionen und die Gesellschaft belasten, können mit CM angegangen und die Probleme effizient und wirtschaftlich gelöst werden. Die Lösungen sind nicht nur langfristig ökonomisch sinnvoll für alle drei Ebenen, sondern entsprechen auch unserem Wunsch nach einem ganzheitlichen und «menschlichen» Umgang in unserer Gesellschaft.

Alle Beteiligten der drei Ebenen müssen im CM wirtschaftliche, medizinische, soziale und Bildungs-Probleme lösen. Die drei Ebenen beeinflussen, beschränken oder widersprechen sich aber gegenseitig. Auch ich bewege mich in diesem Spannungsfeld. Mein Ansatz ist nicht, die konkurrierenden Anforderungen des Spannungsfeldes auszublenden, sondern – im Gegenteil – sie mir und allen Beteiligten bewusst zu machen und sie in mein Verfahren miteinzubeziehen, sozusagen aus der Not eine Tugend zu machen. Die drei Ebenen sind nicht nur voneinander abhängig und greifen ineinander, sondern sie weisen auch gemeinsame Fragen auf. Diese gemeinsamen Fragestellungen gilt es zu finden. «Zentrumsfragen» bilden die Grundlage ‹meines› CM. Daraus haben sich folgende Grundsätze ergeben:

Aus der bisherigen «Fallführung» mit Managementmethoden wird ein ganzheitlicher Umgang mit Menschen in einer komplexen Situation mit konkurrierenden Interessen. Ziel ist nicht eine «win-win-Situation» im engen betriebswirtschaftlichen Sinne, dass der Geschädigte schnell integriert und der Versicherer Versicherungsleistungen einspart, sondern eine ganzheitliche, langfristig erfolgreiche Problemlösung für die Beteiligten auf allen drei Ebenen. Ein solches Vorgehen steuert dem kontinuierlichen Ausgabenanstieg im Gesundheits-, Sozial-, Bildungs- und Versicherungswesen entgegen.

Mein Verfahren ist übrigens gar nicht so verschieden vom üblichen, deshalb nenne ich es auch nicht das neue CM-Verfahren, sondern «CM ohne Triage». In erster Linie geht es um eine neue Rollenverteilung und dann um bestimmte Fragen, die alle Beteiligten und ich uns stellen, um gleichzeitig die volks- wie betriebs- und privatwirtschaftlichen Interessen der CM-Anbietenden unter einen Hut zu bringen.

5.2.1 Wesensmerkmale des CM ohne Triage

CM ohne Triage hat einen Ansatz, der sich durch drei Wesensmerkmale auszeichnet, die es vom üblichen Verfahren unterscheiden. Diese drei Wesensmerkmale sind:

- Zentrumsfragen, die alle Ebenen einbeziehen
- Klienten und Beteiligte übernehmen Verantwortung
- Triage entfällt.

5.2.2 Zentrumsfragen: Schnittmenge der drei Ebenen

Das Verhalten jedes Beteiligten hat Auswirkungen auf alle drei Ebenen. So durchdringen sich diese drei Bereiche, bleiben einerseits klar abgegrenzt, andererseits gibt es aber auch Schnittmengen, in denen sich zwei oder drei Bereiche überlappen.

In der Schnittmenge aller drei Ebenen, im gemeinsamen Mittelfeld, steht nicht der Klient als Objekt der Kennzahlenverbesserung, sondern stehen Fragen nach dem Sinn, der Endlichkeit der Ressourcen und des Lebens sowie nach unserem Umgang mit dieser Endlichkeit. Diese Probleme betreffen und verbinden alle Beteiligten aus den drei Ebenen, ob es ihnen bewusst ist oder nicht. Jede Ebene hat andere Antworten auf diese Fragen. In der Analyse dieser unterschiedlichen Antworten liegt der Grundstein für das CM ohne Triage. Die Antworten führen zu einem menschlich und wirtschaftlich sinnvollen CM, welches es anschliessend umzusetzen gilt. Das weitere Vorgehen wird gemeinsam mit den Prozessbeteiligten abgestimmt.

Leitgedanke

Man kann dieses Vorgehen unter folgendem Leitgedanken fassen: Alle Verfahrensschritte werden unter dem Aspekt der gemeinsamen Verantwortung, Sinnhaftigkeit und Wirtschaftlichkeit für alle Beteiligten auf allen drei Ebenen betrachtet

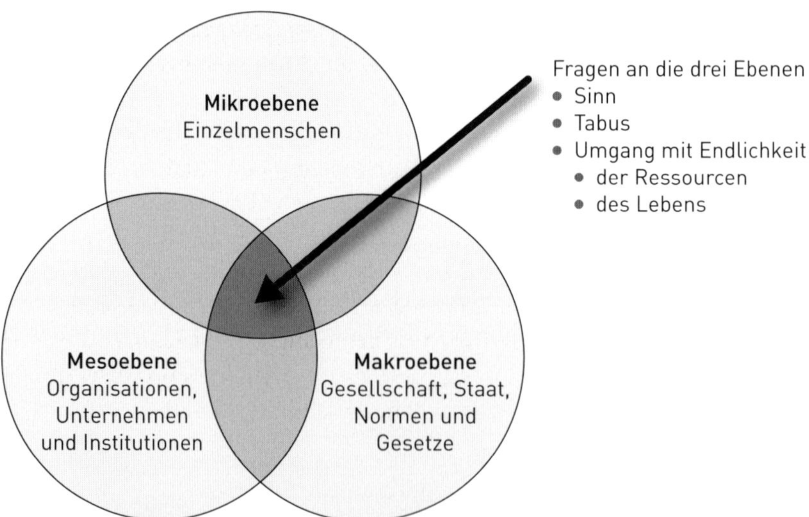

Abbildung 4: Die drei Ebenen des CM ohne Triage.

und nicht allein nach den Interessen eines Beteiligten, i. d. R. des finanzierenden Parts oder (juristisch) Stärkeren im System. Bei diesem Vorgehen entschärfen sich Konflikte und ursprünglich unverhandelbare Positionen können überdacht werden. Alle Beteiligten erhalten dadurch automatisch Eigenständigkeit und Verantwortung für das gesamte Verfahren.

Die drei Ebenen des CM-Modells ohne Triage mit den Zentrumsfragen in der Mitte sind in **Abbildung 4** dargestellt.

5.2.3
Verantwortung für alle Beteiligten

Klienten- und Beteiligtenrolle

Unter den Beteiligten im CM-Team werden Rechte und Verantwortung gleichermassen auf alle Schultern verteilt. Statt eines kostenlosen CMs mit partizipierender Rolle erhält der Klient das Angebot, Teil eines Teams von Gleichberechtigten zu werden. Dies setzt vorgängige Klientenberatungen voraus. Danach führt der Klient sich selbstbestimmt dem CM-Verfahren zu, übernimmt Verantwortung und mindestens 10 % der Kosten des CM-Verfahrens. Es steht ihm selbstverständlich frei, dieses Angebot abzulehnen. Seine innere Zustimmung – oder Ablehnung, die keine Sanktionen für ihn nach sich zieht – spart Ressourcen (Personal, Finanzen). Daher entfällt bei diesem Modell automatisch die Triage. Mit diesem Ansatz wird schon im Vorfeld viel Geld gespart.

Ein Klient, dem sich die Chance bietet, seine komplexe, problematische Situation mit realistischen Lösungen und sinnvollen Perspektiven aufzuarbeiten, wird innerlich eher zustimmen. Das ist die Grundlage eines sinnvollen, wirtschaftlichen, wirksamen und zweckmässigen CMs.

Allen Beteiligten im CM kommt eine gleichberechtigte und verantwortliche Position zu. Durch diese Partnerschaft auf Augenhöhe entfällt automatisch eine Hierarchie der Beteiligten. Es geht dabei nicht um sozialromantische Gleichheit im Sinne einer Gleichmacherei oder gar um die Leugnung oder Delegation von Verantwortung. Im Gegenteil: Ein Team entsteht, wobei die Case Managerin eine Konsensfindung anstrebt mittels Moderation, Vermittlung und Koordination. Das Gelingen des Verfahrens hängt auch von der Fähigkeit der Case Managerin ab, jeder beteiligten Person im Verfahren bewusst zu machen, was es bedeutet, aktiv Verantwortung zu übernehmen und welche Folgen für das Umfeld und die Gesellschaft bei Unterlassung entstehen.

Wegfall der Triage

Die derzeit übliche Triage wird langfristig die Versicherer und Sozialdienste via Allgemeinheit mehr kosten als nützen. Im Moment erhalten vorab nur solche Versicherten oder Klienten von Sozialdiensten CM, bei denen es sich aus betriebswirtschaftlicher Sicht «rentiert».

Folgende Klientengruppen erhalten üblicherweise kein CM:

- Chronischkranke
- Sterbende
- Langzeitarbeitslose
- ältere Mitarbeitende
- schlecht ausgebildete, zu reintegrierende, ältere Ausländer
- Menschen mit einer psychischen Erkrankung
- Kranke nach der Pensionierung, wenn es zu Gunsten der noch Aktiven geht

Tatsächlich verursachen die Probleme dieser Klientengruppen aber Kosten, die wir als Solidargemeinschaft der Versicherten bzw. Steuerzahler doch zahlen müssen. Mittel- und langfristig steigen die Kosten (Drehtüreffekt, wochenlanges Sterben im Spital oder auf einer Palliativstation, Sozialhilfegelder für Langzeitarbeitslose oder Rentenbezüger).

Meine Methode setzt auf offene Kommunikation, transparente Kriterien und einen motivierenden Eigenanteil der Klienten von mindestens 10 % der Kosten. Das kommt einem Paradigmenwechsel gleich.[10]

10 Email Flash santésuisse, 04. August 2009, Zitat von Herrn Manfred Manser, Konzernleiter der aktuell grössten Krankenkasse in der Schweiz und Vizepräsident von santésuisse: «(…) Vollkaskomentalität in der obligatorischen Grundversicherung». Wendt/Löcherbach (Hrsg.), «Case Management in der Entwicklung», Economica MedizinRecht.de, Zitat von Hans Schmidt/Stefan Kessler im Zusammenhang mit dem Verständnis für die Rolle der Vorgesetzten, die in den letzten Jahren in der Verwaltung vermehrt den Kosten- und Leistungsdruck zu spüren bekämen: «Case Management ist keine Sozialromantik im Dienste der Schwächeren!», Heidelberg, 2006, S. 202.

5.3. Regelkreismodell des Verfahrens CM ohne Triage

> «Die Zukunft hat viele Namen. Für die Schwachen ist sie das Unerreichbare. Für die Furchtsamen ist sie das Unbekannte. Für die Mutigen ist sie die Chance.»
> *Victor Hugo, französischer Schriftsteller (1802–1865)*

Das aus der Praxis des CM ohne Triage hergeleitete, angepasste Verfahren ist anhand des Regelkreismodells in **Abbildung 5** dargestellt.

Abbildung 5: Regelkreis-Modell des CM ohne Triage.

5.3.1 Verfahrensschritte

5.3.1.1 Situationsanalyse

Dieser erste Schritt ist sehr wichtig. Daher wird er hier ausführlich behandelt. Gelingt der Start, sind die Weichen richtig für das Verfahren gestellt. Das Verfahren muss unter klaren Voraussetzungen und ausgesprochenen Erwartungen beginnen, andernfalls werden Übergangene ihren Bedarf später anmelden, was das weitere Verfahren beeinflussen und zu Mehrkosten führen kann. Eigentlich gehört Schritt zwei auch noch dazu. Die ersten beiden Schritte ergänzen einander und sind nicht streng chronologisch von einander getrennt.

Die Case Managerin klärt Werte ab und nimmt Vorgaben, Erwartungen und Ansprüche der Mitbeteiligten auf, auch wenn nur unterschwellig vorhanden. Eine offene Benennung ist wichtig. Dadurch wird das Spannungsfeld, in dem sich alle bewegen, überhaupt erst klar. Unter der Anleitung der Case Managerin stellen die Beteiligten der involvierten Ebenen die Sinnfragen, die Fragen nach dem Umgang mit der Endlichkeit (des Lebens und der Ressourcen) und nach etwaigen Tabus.

Es ist nützlich, sofort beim Start des CM die Sinnfrage für alle drei Ebenen zu stellen. Dies führt gleich zu unerwarteten Antworten und überraschenden Prioritäten, oft bricht es den Damm bei allen Beteiligten. Zugleich hilft diese Frage, gleich zum Wesentlichen vorzudringen und erspart spätere Frustrationen bzw. eine Verschwendung der Zeit- und Kostenressourcen. Was erscheint dem Klienten sinnvoll? Was ist sinnvoll für den Versicherer und andere Institutionen? Und was für die Gesellschaft? Es ist an der Case Managerin, allen Beteiligten im System immer wieder die Antworten der anderen zu übersetzen, damit sie sich den Gründen der «anderen» nicht mehr entziehen und deren Motivation sogar nachvollziehen können. Sind alle Fragen gesammelt und so formuliert, dass sie alle verstehen können (Fachvokabular muss in Alltagssprache übersetzt werden), ergibt sich meist sehr schnell, oft wie von selbst, der Weg zur Problemlösung. Diese «Übersetzung» kann nur stattfinden, wenn die Case Managerin Mut, Kompetenzen, Fähigkeiten und den passenden beruflichen Hintergrund mitbringt. Sie vermittelt schonungsvoll, aber klar, allen Beteiligten, dass die Auseinandersetzung mit diesen Fragen Teil der gemeinsamen Verantwortung bildet. Die Situation und die Anliegen aller drei Ebenen sind zunächst gleich stark gewichtet. Nichts und niemand hat vorab Priorität, weder der Klient noch eine bestimmte Institution. Die Antworten aus den Sinnfragen legen schlussendlich den gemeinsamen Bedarf und den Weg zur Problemlösung fest. Alle Beteiligten sind bei dieser Situationsanalyse gezwungen, sich unangenehmen Fragen zu stellen, Ängste offenzulegen, Tabus anzugehen und sich mit widersprüchlichen Interessen, konkurrierenden Zielen unter den Beteiligten, Angst vor Tod und Sterben, vor ausufernden Kosten u. a. auseinanderzusetzen. Alles wird auf den Tisch gelegt und erst dann ausgehandelt. Das Verfahren ist gerade am Anfang nicht einfach, es schont niemanden und behandelt – so gesehen – alle gleich schlecht. Es fordert viel von allen Beteiligten. Aber nur so kann wirklich eine gemeinsame, gangbare, finanzierbare und menschliche Lösung gefunden werden, statt Partikularinteressen (des Klienten, einer bestimmten Institution, eines Bereiches oder einer Ebene) zu befriedigen.

Die schwersten Fragen im 1. Verfahrensschritt: Tabus

Die wichtigsten und schwersten Fragen beim ersten Verfahrensschritt sind folgende:

Wie bereits erläutert, ist die Endlichkeit des Lebens, der Tod, eines der letzten Tabus unserer Gesellschaft. Nicht nur für die Generation, die jetzt alt und pflegebedürftig wird. Viele Klienten und auch Case Managerinnen wagen nicht, diese Fragen anzugehen. Tun sie es doch, erfahren sie von Klienten wie Leistungserbringern zum Teil massiven Widerstand. Lieber tut man so, also ob der Machbarkeit kaum Grenzen gesetzt seien oder man möchte Patienten nicht die Illusion nehmen, dass sie stets souverän über ihr Leben «verfügen». Mitunter gibt es auch handfeste Eigeninteressen von Angehörigen: Chronisch Kranke könnten so viel kosten, dass das Erbe gemindert wird oder gar Verwandte für die Pflege aufkommen müssen.

Ein weiteres Tabu ist die mögliche, nicht offengelegte Rationierung im Zusammenhang mit der Endlichkeit der Ressourcen. Ist es beispielsweise ökonomisch und medizinisch sowie menschlich sinnvoll, einem pensionierten Herzinfarktklienten aus Sparvorgaben im CM statt der dreiwöchigen Rehabilitation ausschliesslich ambulante Physiotherapieleistungen zukommen zu lassen? Im Gegensatz zu ihm erhält der noch berufstätige, junge Herzinfarktpatient, bei dem nicht rationiert wird, ungefragt eine dreiwöchige Rehabilitation inklusive Beratungen in einem spezialisierten Zentrum. Es geht dabei auch, aber nicht nur, um die Diskussion über Fragen nach Nutzen und Kosten einzelner Behandlungsmethoden. Sind sie überhaupt sinnvoll, gleichermassen für alle Betroffenen, ob jung oder alt, und für alle Ebenen?

Die Fragen nach dem Sinn und nach der Endlichkeit der Ressourcen hat Vorrang vor den Bedürfnissen des Klienten und CM-Anbieters. Bei den Bedürfnissen geht es um subjektive Forderungen (*nice to have*), dies im Gegensatz zum Bedarf, der eine objektive Notwendigkeit darstellt. Diese sollen nicht ausser acht gelassen werden, aber sie können nicht das einzige Mass sein. Die Case Managerin muss diese Diskussion sehr sachlich und besonders rücksichtsvoll führen. So brutal es klingen mag: Ein Ausblenden dieser Realität hilft niemandem. Deshalb muss es angesprochen werden. Diese Offenheit ist unabdingbar. Nur so kann es eine Zielbestimmung geben, die wirtschaftlich und menschlich ist.

Auch im Verfahren selbst wird man die Endlichkeit der Ressourcen auf allen drei Ebenen immer wieder thematisieren müssen. Dies von Anfang an offen und immer wieder auszusprechen, erinnert die Beteiligten während des laufenden Verfahrens daran, nicht kurzfristig wirtschaftliche Lösungen für die eigenen Interessen oder Institutionen zu suchen, sondern menschliche und wirtschaftlich sinnvolle Lösungen für alle drei Ebenen zu bedenken.

5.3.1.2 Assessment

Im Assessment nimmt die Case Managerin die Probleme und Ressourcen der Beteiligten aller drei Ebenen auf. Diese Detektivarbeit benötigt Systematik, Einfühlungsvermögen, berufliche Kompetenzen und eine wertneutrale Haltung. Die Abklärungen und Gespräche bilden erfahrungsgemäss den zeitintensivsten Schritt im Verfahren. Je gründlicher das Assessment erfolgte, umso klarer können die Zieldefinition und die weiteren Schritte ausfallen.

5.3.1.3 Zielvereinbarung

Bei der Zielvereinbarung werden langfristig sinnvolle Ziele für alle drei Ebenen gemeinsam festgelegt, was sehr anspruchsvoll ist. Wo entstehen bei den gesetzten Zielen Vorteile zum Nachteil anderer im System? Es funktioniert wie ein Koalitionsvertrag, bei dem alle an einem Strang ziehen und sich wiederfinden müssen. Die Ziele werden erst hier definiert, im Gegensatz zum herkömmlichen Modell, wo die Ziele mitunter vor der Klientenzuführung bereits feststehen, meist in Form von «Return», also der Reintegration des ökonomisch «rentabelsten» Klienten oder einer Berentung des Klienten durch einen andern Leistungserbringer, um eigene Ressourcen zu schonen.

Die Zielvereinbarung hat eine klar definierte Zeitvorgabe, welche auch von den Beteiligten aller Ebenen getragen wird und nicht nur die Vorstellung einer Seite wiedergibt (Klient, CM-Auftraggeber oder Politik). Die unter den Partnern ausgehandelten Ziele werden die Wirtschaftlichkeit des CMs erhöhen, wenn die Beteiligten sie in innerer Übereinstimmung festlegten und nicht der unter wirtschaftlichem Druck stehende CM-Kostenträger sie im Voraus bestimmten musste.

5.3.1.4 Massnahmenplanung

In der Massnahmenplanung wird es «handfest». Spätestens in diesem Schritt bekennen die Teilnehmenden Farbe und zeigen ihre wahren Absichten im CM, denn Massnahmen kosten (Finanzen, persönlichen und personellen Einsatz, Umsetzungsenergie, kurz: künftige Ressourcen aller Beteiligten). Dieser Schritt und der folgende fordern Widerstände geradezu heraus. Wurden die zentralen Fragen (Sinnfrage, Thematisierung des Umgangs mit der Endlichkeit des Lebens und der Ressourcen) gründlich erarbeitet, können auf dieser Grundlage mögliche Hindernisse in Gesprächen abgebaut und die geeigneten Massnahmen ausgewählt werden. Hier erinnert die Case Managerin immer wieder an die vereinbarten langfristigen Ziele, die in diesem Stadium eventuell eine Überprüfung benötigt. Wo die Grundlagenfragen vage oder nicht beantwortet wurden, werden jetzt die Beteiligten durch den Lauf der Dinge gezwungen, mit der Case Managerin diese nochmals anzugehen. Das verteuert das weitere Verfahren. Deshalb sollten Schritt 2 und 3 gründlich abgearbeitet werden. Dennoch gibt es Situationen, in denen sich dies nicht vermeiden lässt, sei es, weil eine neue Konstellation hinzukommt oder weil einer der Beteiligten nicht wirklich voraussehen konnte, was auf ihn zukommt und seinen Bedarf nicht anmeldete.

5.3.1.5 Durchführung

Auch während der Durchführung sind Widerstände programmiert, wenn die ersten Verfahrensschritte als Basis ungenügend geplant und vorbereitet waren. Tatsächlich sind Planung und Durchführung etwas völlig anderes. Die Handlung folgt nicht automatisch auf die Entscheidung, sondern holt ihre Kraft für die Durchführung im Sinn. Nur ein sinnvolles Ziel kann über lange Strecken motivieren. Fehlt der Sinn, geht das Ziel schnell aus den Augen verloren. Dies kann in der Durchführung zu massiven Widerständen von verschiedenen Leistungserbringern oder des Klienten und somit zur Verlängerung des Prozesses und zu Mehrkosten führen.

Immer wieder klärt die Case Managerin in diesem Schritt ab, ob die Ziele eingehalten werden, indem sie die Klienten und Leistungserbringer nach der Gültigkeit der gesetzten Ziele fragt. Diese Kontrolle ist sehr wichtig! Je nach Ergebnis wird angepasst. Ebenfalls in diesem Schritt wertet die Case Managerin den Prozess und die Qualität der Leistungszufuhr laufend aus und passt nach Bedarf an. Selbstverständlich bezieht sie dabei alle Beteiligten mit ein. Wo die ersten Schritte in innerer Übereinstimmung genau eingehalten wurden, ist die Durchführung der Massnahmen eine dankbare Phase. Aus Erleichterung über die Vorteile der Teamarbeit übernehmen Klient und Leistungszuführende immer mehr Verantwortung und Eigeninitiative, was die Leistungen der Case Managerin und somit die Kosten ihrer Leistungen wesentlich reduziert.

5.3.1.6 Evaluation

Die Evaluation wertet Vorbedingungen, die Ausgangslage, die Regelung der Finanzierung, Kommunikationsfehler während des Prozesses sowie die ökonomischen und menschlichen Folgen des stattgefundenen CMs aus:

- unmittelbar nach Abschluss
- mittelfristig nach einem Jahr
- langfristig nach fünf Jahren.

Die Ganzheitlichkeit des Prozesses wird ebenfalls ausgewertet nach folgenden Kriterien:

- Wurden die Werte der Beteiligten und die Sinnfragen geklärt, die Probleme und Ressourcen, der Bedarf, die erstellten Ziele und die Massnahmen in ihren Zusammenhängen für alle drei Ebenen erkannt und umgesetzt?
- Gab es Kommunikationsprobleme, wurde der Datenschutz eingehalten?

Auch die berechenbaren Folgen für die drei Ebenen werden für diesen Zeitraum evaluiert, beispielsweise der (vermiedene) Drehtüreffekt und seine voraussichtlichen wirtschaftlichen Folgen. Dies ist notwendig, damit die Ergebnisse für künftige CM-Prozesse verfügbar sind und Schätzungen erlauben. Wurde der Sinn hinter den Zielen erfüllt, konnten der zeitliche Ablauf und das Budget eingehalten werden? Falls Ziele oder andere Vorgaben nicht erreicht wurden, muss gefragt werden: Weshalb? Erfolg und Misserfolg sind immer begründet. Wir wollen aus Fehlern lernen. Auch die Case Managerin muss sich dabei «an die eigene Nase fassen».

Auch nicht in Zahlen messbare Kriterien gehören in die Evaluation, z. B. ob sich die Beteiligten auf den Prozess einliessen. War der Umgang mit den Ressourcen nicht nur wirtschaftlich, sondern für alle Ebenen verantwortungsvoll? Haben alle Beteiligten aus allen Ebenen wirtschaftlich dazu gewonnen, z. B. neue Geschäftspartnerschaften (Netzwerk) oder menschlich von der Case Managerin oder voneinander durch Vorbildfunktion dazugelernt, was die persönliche Entwicklung sowie wertvolle Erfahrungen durch die Teamarbeit betrifft oder haben sie sich persönlich mit der Frage nach der Endlichkeit des Lebens und der Ressourcen auseinandergesetzt?

Die Evaluation der Klientensituation verkommt nicht zu einer PR-Übung, indem nach der Klientenzufriedenheit gefragt wird mit Kriterien, die sich nach seiner Bedürfnis- und nicht nach der Bedarfsbefriedigung orientieren (vgl. Kap. 4.2.4 Verfahrensschritte). Auch Fragen an den Klienten können Auskunft geben über die weiterreichende Problemlösung in der Gesellschaft, beispielsweise: Was geschah mit den Angehörigen oder mit dem Umfeld (aus der Arbeitswelt) rund um die einstig problematische, komplexe Klientensituation? Was hat sich für sie vor und nach dem CM-Prozess verändert – nach einstiger Überforderung, Krise, belasteter Gesundheit, nach Schul- oder Verhaltensproblemen bei den Kindern?

Im weitesten Sinn sollten auch die Situation und die menschlichen und wirtschaftlichen Folgen für Klienten, die ein CM-Verfahren ablehnten, untersucht werden.

5.3.2 Neue Definition von Case Management

Aus dem CM ohne Triage habe ich folgende CM-Definition entwickelt:

CM ist mehr als ein Prozess. Es geht um eine Haltung, die einen bestimmten Prozess in Gang setzt. Dabei zielt der Prozess auf eine gleichberechtigte und verantwortungsvolle Partnerschaft ab. Die Teammitglieder übernehmen die Gesamtverantwortung für die gesetzten Ziele. CM ist ein ganzheitliches, schrittweises, methodisches und systematisches Vorgehen zur langfristigen Problemlösung, die für alle drei Ebenen wirtschaftlich und menschlich sinnvoll ist. Schlüsselstellung hat der Anfang des Verfahrens mit den die drei Ebenen übergreifenden Fragestellungen nach Sinn, Tabus, Endlichkeit der Ressourcen und des Lebens. CM betrifft das Sozial-, Gesundheits-, Versicherungs- und Bildungswesen. Dabei steuert CM den Umgang mit Menschen bei konkurrierenden Interessen. Das Ziel ist die Entlastung von Leid und Ressourcen.

CM ohne Triage bewegt sich bewusst mit allen Betroffenen im Spannungsfeld der Klienten-, Institutions- und Gesellschafts-Ebene. Es gilt, die Gemeinsamkeiten zu finden. Dies geschieht mittels gezielter Fragen nach dem Sinn, Bedarf und den Wünschen. Hierbei werden Tabus angegangen. Die Prozessbeteiligten einigen sich in einem von der Case Managerin begleiteten Prozess auf Antworten, die sie gemeinsam finden. Daraus leiten sie die Ziele und die Problemlösung ab. Im Team setzen die Prozessbeteiligten gemeinsam die Verfahrensschritte um.

5.3.3 Fazit und These 2

> «Man kann den Wind nicht ändern, aber die Segel richtig setzen.»
> *Weisheit*

Typische Klientengruppen, die nach der heute üblichen CM-Praxis austriagiert würden, können mit dem CM ohne Triage angegangen und ihre Probleme langfristig erfolgreich gelöst werden. Kosten, die sich sonst auf allen Ebenen erhöhen, werden vermieden.

Der Schwerpunkt bei diesem neuen Ansatz liegt darin, dass das Vorhandensein von konkurrierenden Interessen nicht negiert wird, sondern aus der Not der komplexen Situation eine Tugend gemacht wird.

Statt die «Fallführung» nach Managementmethoden bei konkurrierenden Interessen strebt das CM-Verfahren ohne Triage eine langfristig erfolgreiche Problemlösung für alle Beteiligten auf allen drei Ebenen an. Dreh- und Angelpunkt sind die Zentrumsfragen, das Angehen von Tabus und der erweiterte Blickwinkel.

Die «schlimmen» Zentrumsfragen beziehen alle Ebenen mit ein, indem sie für alle nach Tabus, nach dem Sinn und nach dem Umgang mit der Endlichkeit der Ressourcen und nach dem Umgang mit der Endlichkeit des Lebens fragen.

Die ausgesprochenen Tabus zeigen die wahren Ursachen der Probleme auf. Werden diese angegangen, können Kosten eingespart werden, weil sie zu Perspektiven, zusätzlichen Wahlmöglichkeiten und einem sinnvollen Lebens- und Kosteneinsatz führen.

Das Modell schliesst die Klienten und alle Beteiligten auf allen Ebenen als gleichberechtigte, verantwortliche Partner ein. Folglich finanzieren die Klienten ihr CM-Verfahren mit.

Das CM-Verfahren ohne Triage ist bei jeder Ausgangslage umsetzbar und bevorzugt nicht Einzelne oder Gruppen in der Versorgungskette. Unnötige Kosten werden dort vermieden, wo sie entstehen (keine Kostenüberwälzung), dadurch entfällt automatisch die Triage.

Dieses CM-Verfahren eignet sich für alle Klientengruppen, also auch für die bisher Austriagierten, wie Chronischkranke, alte Menschen, Menschen mit einer Behinderung, alternde Mitarbeiter, schlecht ausgebildete Ausländer, Sterbende, psychisch erkrankte Menschen, Langzeitarbeitslose.

Das CM-Verfahren ohne Triage geht Probleme an, die uns im Hinblick auf die nächsten Jahrzehnte beschäftigen und Kosten verursachen werden:

- der hohe Personalabgang gerade in der Langzeitpflege
- die zahlenmässige Zunahme der Chronischkranken auf Grund des wachsenden Angebots im Gesundheitswesen, denn die Zahl der (tödlichen) Krankheiten und Beschwerden nimmt stetig ab.
- die fortschreitende Überalterung, denn alte Menschen haben meist einen grösseren Bedarf an medizinischer Versorgung und Pflege- sowie Betreuungsleistungen.

Die Finanzierung erfolgt nach dem Vorteilsprinzip: Wer entlastet wird, bezahlt die Kosten des CMs, allen voran immer die Klienten. So stärken wir Selbstverantwortung, schaffen auf allen Ebenen Anreize und öffnen den Blick.

CM nach meiner Methode kann den Wind nicht ändern, aber ich setze die Segel so, dass wir Fahrt auf ein realistisches Ziel aufnehmen. CM ohne Triage *ist* ein Paradigmenwechsel.

These 2

Der erweiterte Blickwinkel und die angegangenen Tabus im und um CM ermöglichen langfristige, wirtschaftliche und menschliche Lösungen für alle Beteiligten auf allen drei Ebenen. Kostenumlagerungen und Kostensteigerungen entfallen, während CM dem Grossteil der Bedürftigen zugute kommt.

5.4 Spar- und Lernpotenzial im CM

> «Die Erde hat genug für jedermanns Bedürfnisse, aber nicht für jedermanns Gier.»
> *Mahatma Gandhi, indischer Rechtsanwalt, politischer und geistiger Führer der indischen Unabhängigkeitsbewegung (1869–1948)*

Ich habe vor einiger Zeit angefangen, mein CM-Verfahren Vertretern führender Schweizerischer Versicherer, Krankenkassen und Verantwortlichen aus dem Gesundheitswesen wie der Politik vorzulegen. Offenbar bin ich nicht besonders gut darin, mich verständlich zu machen, der übereinstimmende Kommentar lautete bisher immer:

«Unmöglich. Das kann nicht sein!»

«Wir haben eigentlich unsere eigene Methode. Wir sparen zwar niemals so viel wie Sie ein, aber der CEO hat entschieden …»

«Es ist grossartig, aber das bringe ich politisch niemals durch.»

«Sie handeln aus Altruismus. Wir aber leben im 21. Jahrhundert.»

«Bei uns ist es halt anders, das geht einfach nicht.»

Eigentlich beschäftigen sich ja alle Beteiligten im CM nur mit den Aspekten, die vergütet werden oder die einen geldwerten Vorteil bringen. Das eigene Portemonnaie ist ja immer das nächste. Damit droht aber das System sich selbst zu zerstören. Doch wir brauchen langfristige Lösungen und eine Versorgung, die um die Partikularinteressen der Beteiligten weiss. Der Ruf nach Übernahme von Verantwortung für das Ganze verhallt bisher ungehört. Die betriebswirtschaftlichen Kennzahlen sind stärker als die volkswirtschaftlichen Daten. Das stimmt sehr nachdenklich. Der Teufel steckt wie immer im Detail und die Materie ist unübersichtlich.

Ich habe daher zur Veranschaulichung eine tabellarische Gegenüberstellung gemacht: CM nach Lehrbuch, in der Praxis und ohne Triage. So kann man direkt vergleichen, wie das jeweilige CM funktioniert und welche Schritte und Effekte wann im Verfahren auftreten.

	CM nach Lehrbuch	CM in der Praxis	CM ohne Triage
Definition	Keine einheitliche Definition bzw. verschiedene Definitionen (u. a. Netzwerk CM Schweiz).	Bearbeitung von Komplex«fällen» nach Management-Methoden, jeder Anbieter hat seine eigene Definition.	Ganzheitliches Handlungskonzept für *alle drei Ebenen;* ein an die Realitäten angepasstes Verfahren
Aufgabe der Case Managerin	Verbindliche Standards und Ethikrichtlinien fehlen; Funktion theoretisch bestens fundiert.	Funktion ohne verbindlich definierte Grundlage. Case Manager der Versicherer arbeiten im gesetzlich nicht definierten Rahmen (Schweizerische Akademie der Medizinischen Wissenschaften, 2008: 89).	Grundsatzdiskussion um das Selbstverständnis unserer Gesellschaft. Vorschlag: Aus- statt Weiterbildung → CM als unabhängiger Beruf auf Grundlage von verbindlichen Standards und Ethikrichtlinien.
Handlungskriterien	CM als ganzheitliches Handlungskonzept	CM erfolgt nach betriebswirtschaftlichen Kennzahlen und Methoden: Partikularinteressen.	s. o.
Ziele	CM dient in 1. Linie der besseren Versorgung aller KlientInnen, wobei gemeinsam vereinbarte Ziele und Wirkungen effizient und mit hoher Qualität erreicht werden sollen. Erfüllung des politischen Auftrags (soziale Sicherheit) nach Bedarfsbefriedigung von CM.	CM-Anbieter schont eigene Ressourcen und agiert nach Marktprinzipien (Nachfrage); CM dient Kundenbindung und Imagegewinn.	Schonung der Ressourcen aller Beteiligten der drei Ebenen; Suche nach langfristig erfolgreichen Lösungen für alle drei Ebenen; Anerkennung der Existenz konkurrierender Interessen.

CM-Regelkreis	Siehe Abbildung 2	Siehe Abbildung 3	Siehe Abbildung 5
Im Zentrum des Regelkreises	Klient	Betriebswirtschaftliche Kennzahlen	Fragen nach Sinn, Tabus und Endlichkeit der Mittel und des Lebens für alle drei Ebenen
Klientenauslese	Theoretisch führt CM Klienten dem Verfahren zu. Die Praxis funktioniert anders.	Verdeckte ökonomische Triage: Klientenauslese nach Kosten-Nutzen-Analyse (*return of investment*) für die eigene Institution, erfasst vorab Klienten mit optimalem Eingliederungspotential.	Triage entfällt; beratene Klienten führen sich in Eigenverantwortung dem CM zu.
Folgen	Kein Lehrbuchthema	Kostenüberwälzung an nachgelagerte Institutionen; Ungleichbehandlung ähnlicher Klientensituationen; erhebliche volkswirtschaftliche Folgekosten.	CM auch für austriagierte Gruppen, deren unangegangene Probleme wir als Solidargemeinschaft bereits bezahlen (Steuern, Versicherungsbeiträge).
Kosten des CM-Verfahrens und Finanzierung	Gebot der Ressourcenschonung	CHF 10 000.– bis CHF 25 000.– und Finanzierung via CM-Anbieter. Je nach Anbieter muss das Verfahren mindestens selbsttragend sein, Klient bezahlt nichts an seine Verfahrenskosten.	10–20 % der üblichen Kosten; Eigenanteil des Klienten von 10 bis 20 % an seine Verfahrenskosten.
Rollen im CM: Klient	Partizipierende Rolle: Klient ist im Zentrum der Bemühungen.	Klient ist einbezogen, aber nicht entscheidungsbefugt. Bedürfnisbefriedigung, Erwartungs- und Konsumentenhaltung bei CM-Nutzungsverpflichtung verhindern Selbstreflexion, daraus resultieren Widerstände, Boykott und Mehrkosten.	Teil eines Teams Gleichberechtigter, die Rechte, Verantwortung und Pflichten gleichermassen haben. Hierarchie entfällt automatisch (aber nicht aus Sozialromantik).

	CM nach Lehrbuch	CM in der Praxis	CM ohne Triage
Rollen im CM: Case Managerin	Anwaltschaftliche Rolle	Abwicklerin: Durchführung der betriebsinternen Vorgaben; dabei konfrontiert mit Diskriminierung, Chancenungleichheit, Verteilungsungerechtigkeit.	Vermittlerin: Offenlegung und Übersetzung aller Anliegen und Tabus* der Beteiligten der drei Ebenen (Zentrumsfragen); Moderation der konkurrienden Interessen zu einem gemeinsam getragenen Lösungsansatz.
Verantwortung	Vermittlung	Alleinverantwortung für das Funktionieren von CM; Puffer zwischen der mangelnden Selbstverantwortung der Klienten und den Vorgaben des Auftraggebers; Loyalitätsprobleme gegenüber Klient und Arbeitgeber (Boni).	Verantwortung tragen alle Beteiligten gleichermassen.
Rollen im CM: Institutionen und Betriebe	Aufarbeiten der komplexen Klienten-/Versichertensituationen nach Zielvorgaben: • politische Zielvorgaben bei öffentlichen Institutionen • firmenpolitische Zielvorgaben bei Betrieben.	Widersprüchliche Doppelrolle: Nach aussen Verantwortung gegenüber Personal/Versicherten; nach innen eigene Ressourcen schonen.	Institutionen und Betriebe erhalten eine neue Rolle: Ihre Anliegen sind gleich wichtig wie die der betroffenen Klienten.

* Thematisieren folgender Fragen: Endlichkeit der Mittel (Geld, Personal), Endlichkeit des Lebens, Kostenüberwälzung an nachgelagerte Institutionen, verdeckte Triage, Diskriminierung von bestimmten Klientengruppen, Boni etc.

Rollen im CM: Politik und Gesellschaft	Festlegung des CM-Leistungsumfangs nach Bedarfsanalyse und Umsetzung in Gesetze, z. B. 6. IVG-Revision.	Widersprüchliche Doppelrolle: CM wird offiziell propagiert als Lösung; Ressourcen werden aber wegen des Spardrucks auf die Politik nur für ressourcenstarke Klienten bereitgestellt (Umsetzung 5. IVG).	Chance auf neue Rolle: Durch Offenlegung der Tabus der gesellschaftlichen Ebene.
Verfahrensschritte			
Intake + Assessment	Nimmt nach Zugangsführung den Bedarf der Beteiligten im Prozess wahr, vorab den des Klienten.	Intake und Assessment nach dem vorgelagerten, inoffiziellen Schritt der ökonomischen Triage. Bezieht die widersprüchlichen Interessen der drei Ebenen nicht in den Prozess ein: Widerstände und Boykott verteuern CM.	Situationsanalyse: Die Case Managerin stellt Zentrumsfragen nach Sinn, Endlichkeit (Mittel und Leben), nach Tabus, dabei Einbezug aller drei Ebenen. Übersetzt die Antworten aller in allgemein verständliche Sprache. Bildet aus den Beteiligten ein Team mit offener Kommunikation. Auseinandersetzung mit diesen Fragen ergibt Bedarf und führt automatisch zu kostengünstigeren Lösungen.
Ziele	Erarbeitung mit Klienten	Unabhängig von Situation und Klient: Return of Investment. Zielwahl diktiert Massnahmenwahl.	Innere Annahme des Prozesses durch alle Beteiligten, Benennung der Zielwidersprüche/konkurrierenden Interessen der drei Ebenen. Die Ziele ergeben sich situations-/klientenbedingt aus den Antworten auf die Zentrumsfragen. Permante Überprüfung der gewählten Ziele während des Verfahrens hinsichtlich der Langfristigkeit für alle Ebenen. Abwägen von Vor- und Nachteilen für alle drei Ebenen.

	CM nach Lehrbuch	CM in der Praxis	CM ohne Triage
Massnahmenwahl und Durchführung	Nutzt und schont die Ressourcen im Klienten- sowie im Unterstützungssystem Nimmt Rücksicht auf die individuell unterschiedlichen Lebenswelten.	Ablauf nach betriebsinternen Vorgaben zur Gewährleistung des Kosten-Nutzen-Effekts.	Klienten-/Situationsbezogene Massnahmen nach den festgelegten Zielen für alle drei Ebenen.
Evaluation	Auswertung der Daten, Ziele, des Prozesses bei Abschluss.	Klientenzufriedenheit: Entsprachen die Leistungen den Bedürfnissen? Auswertung: Controlling nach betriebswirtschaftlichen Kenngrössen.	Auswertung aller Kriterien, insbesondere auch bei Misserfolg. Neben Zielerreichung auch der Vorbedingungen bzw. Ausgangslage, Finanzierungsregelung, evtl. auch von Kommunikations- und Datenschutzfehlern. Langfristigkeit: CM-Wirkung nach 1, 3, 5 Jahren? Folgen (Kosten) des CMs für alle drei Ebenen.
Fazit	CM als Kostenlenkungs und -senkungsinstrument ist Lehrbuchtheorie ...	... und die Praxis zeigt: CM kann die Erwartungen nach effektiver Kostensenkung nicht erfüllen. Denn «austriagierte» CM-Klienten kosten die Gesellschaft weiterhin.	CM kann Kosten senken und Menschen dauerhaft helfen, sofern es als Haltung und nicht nur als Prozess angesehen wird und, statt den Zentrumsfragen auszuweichen, diese in den Mittelpunkt stellt.
CM ...	... ist rentabel ...	... aber nur für die jeweilige Interessengruppe und kurzfristig.	... eine Chance für die Mehrheit der heute noch austriagierten Klienten und entlastet gleichzeitig die Gesamtgesellschaft und jeden Einzelnen (als Steuerzahler und Krankenkassenmitglied).

Das grosse Spar- und Lernpotential im CM gilt es auszuschöpfen. Vielleicht sollten wir Case Managerinnen einfach einmal zeigen, dass es geht. Wenn es von oben nach unten noch nicht funktioniert, dann vielleicht von unten nach oben?

5.4.1 Massnahmen

Kostenüberwälzung überdenken

Sie mit einem Fragezeichen versehen oder einmal innehalten und nachdenken sollten wir alle, wenn wir folgende Stellungnahme hören: «Zahlen sollen die andern.» Am Ende werden wir, jeder Versicherte und jeder Steuerzahler, das zahlen. Sie, ich, Ihr Nachbar, Ihre Kinder via Krankenkassenbeiträgen und Steuererhöhungen. Wir sind nämlich «die anderen».

Ein Beispiel: Die Leistungserbringer aus dem Gesundheitswesen, die «fremdes Geld» ausgeben, brauchen (noch) kein CM, um die Gesundheitskosten zu senken. Die Ärzteschaft und die Pflegenden verdienen an langen Behandlungen mehr als an kurzen, effizienten. Lehnt ein Arzt eine fragwürdige, weil unwirksame Behandlung ab, so können die Patienten einfach den Arzt wechseln. Diskussionen über den Sinn von Massnahmen sind tabuisiert, vor allem am Ende des Lebens. Ebenso tabuisiert wie der Tod ist die Frage nach den Kosten, der Endlichkeit finanzieller Ressourcen – trotz zunehmendem Kostendruck spricht man in der Öffentlichkeit kaum darüber. Die Kombination dieser beiden Tabus führt zu oft zum Einsatz sehr teurer Medikamente und Behandlungen, da niemand es wagt, die Fragen nach dem effektiven Nutzen, dem Sinn und nach der Begrenzung aufzuwerfen. Die Frage ist, wie Mass gehalten werden kann und wer davon wirklich profitiert.

Bis heute haben Spitalbetreiber wenig Interesse daran, die Spitalaufenthalte zu verkürzen, wenn sie dadurch weniger verdienen. Gemäss der Organisation für wirtschaftliche Zusammenarbeit und Entwicklung (OECD) liegen die Schweizer zwei bis drei Tage länger im Spital als Patienten in anderen Industriestaaten (Radio SR DRS, 2010). Wenn CM in den Spitälern eingesetzt wird, so zur Kostenoptimierung für die eigene Institution und als Reaktion auf die Einführung von SwissDRG («Wir holen alles raus aus dem System»). Diese Haltung führt zu Kostenüberwälzung. CM für das Angehen von DRG hilft dann zwar sparen, aber nicht für die Allgemeinheit – sparen für alle wird nicht belohnt.

Dieselbe Einstellung herrscht in Betrieben: CM für Austriagierte koste Geld (Initialinvestitionen) und die Umsetzung von CM sei deshalb keine Frage. Dies ist eine kurzsichtige Buchhalteroptik. In der Tat senkt CM die Schadenskosten, aber für die Gesellschaft.

Entschädigungssystem für den gesamten Klientenpfad

Können wir das derzeitige Entschädigungssystem überdenken und ein neues entwickeln, das in Form einer Pauschale den gesamten Klienten-/Patientenpfad im Blick behält und alle Beteiligten auf allen drei Ebenen einbindet? Die Leistungserbringer müssten automatisch miteinander kooperieren. Übertragen auf das Gesundheitssystem: Das Entschädigungssystem schliesst alle Behandlungen vor, während und nach der Hospitalisation ein: Physio-, Ergotherapie, ambulante Pflege, Case Management, Leistungen von Haus- und Fachärzten, Psychologen sowie von Angestellten der Rehabilitationskliniken etc. Übertragen auf das Sozialhilfesystem bedeutet das Leistungen aus der Sozialarbeit, Psychologie, Erziehungsberatung, Case Management, aus dem Arbeitsvermittlungszentrum etc.

In der Praxis kann das so aussehen: Ein 95-jähriger Patient ist gestürzt und hat sich dabei das Handgelenk gebrochen. Er wird notfallmässig hospitalisiert. Er lebt allein und weist neben der Fraktur viele Zusatzerkrankungen auf. Seine Situation wird verschiedene Leistungserbringer spitalintern wie vor allem spitalextern mobilisieren. Deshalb erhält der Hochbetagte noch im Spital sogleich CM. Der junge Unfallpatient, der wegen seiner schwierigen Fraktur hospitalisiert werden musste, erhält CM aus demselben Entschädigungssystem. Beim alten und beim jungen Patienten geht es um ein effizientes Angehen ihrer individuellen Situation und um die Einsparung von Kosten und Leid. Beim Hochbetagten in Form einer kürzeren Hospitalisation und längerfristig um die nachhaltige Vermeidung des Drehtüreffekts, beim Jungen um das Einsparen von Unfalltaggeldern durch eine schnelle berufliche Wiedereingliederung. CM bei diesen Praxisbeispielen wurde früher durch die Gemeindeschwester oder den Sozialdienst durchgeführt. Die Medizin und die Gesellschaft haben sich jedoch in den letzten Jahren stark gewandelt.

Der Gesetzgeber schafft Transparenz bei der Kostenumwälzung

Verantwortliche auf der Makroebene analysieren die sozialen und gesundheitlichen Probleme. Sie legen die politischen Ziel und den Massnahmenplan fest. Eine Massnahme davon ist CM. Ein Ziel der Analyse lautet: gesamtwirtschaftlich kluges Handeln, d.h. dem betriebswirtschaftlich fokussierten, sich nicht um Folgekosten scherenden Handeln wird vorgebeugt durch bürgernahe, öffentliche Diskussionen zum Thema ökonomische Triage, die zu Kostenüberwälzungen führt. Ein Beispiel hierfür ist die Kampagne zur Anmeldung geringfügig Beschäftigter bei der AHV.

Grösstes Sparpotenzial: CM im Spital (Senkung stationärer Spitalkosten)

Die stationären Spitalkosten sind seit Jahren und mit Abstand der höchste Einzelposten im Gesundheitswesen (BFS, 30.11.2009: 1). Allein im Jahr 2008 beliefen sie sich auf 19,5 Mrd. CHF. Ein Spitaltag kostete demnach 2008 für die allgemeine Pflege CHF 1489.– (BFS, 30.11.2009: 1). Die Prognosen für die Gesundheitskosten 2010 schätzt KOF auf 63,3 Mrd. CHF, für das Jahr 2011 gar auf 65,5 Mrd. CHF (KOF lt. Schweizer Fernsehen (SF), 2010). In den Spitalkosten liegt das grösste Sparpotenzial – es wartet darauf, ausgeschöpft zu werden. Hier kann das Modell CM ohne Triage ansetzen: Die potenziellen Klienten erhalten bereits vor dem Spitaleintritt CM. Dasselbe gilt bei notfallmässigen Spitaleinweisungen. CM, das für eine optimale Versorgungsqualität während der Hospitalisation sorgt, ab dem Eintritt bereits den Austritt ins Auge fasst und plant sowie die Leistungserbringer für und während der Nachbetreuung ausserhalb des Spitals wochenweise noch mit CM aufnimmt, wird Spitalkosten einsparen.

Ich verweise auf das Praxisbeispiel von Herrn Knut (Palliative Care). Sein CM-Verfahren dauerte einen Monat und kostete CHF 4000.– inklusive der Pflegeleistungen. Nicht nur, dass die Arbeit der Case Managerin aus dem Gesundheitswesen bei einem einzigen solchen Patienten finanziell bereits selbsttragend ist, die Case Managerin kann ohne weiteres mehrere Palliative-Care-Patienten gleichzeitig betreuen. Die Kostengegenüberstellung Spitalaufenthalt/Pflege zuhause und CM lesen Sie detailliert im nächsten Kapitel.

Früherkennungssystem bei der Erfassung der CM-Klienten statt ökonomischer Triage

Klienten werden selten in dem Moment erfasst, in dem sich ihr Zustand noch nicht verfestigt hat. Das muss ändern. Je länger eine Situation anhält, desto schwieriger ist es, diese wieder zu ändern. Aus Organisationsgründen verstreichen bestenfalls «nur» 14 Tage bis zur ersten Kontaktaufnahme durch den CM-Anbieter. IV-Verantwortliche stellen fest, dass die Verfahren wegen komplizierter Abläufe nicht beschleunigt werden können: Im Schnitt verstreichen acht Monate zwischen der Erstanmeldung und der Aufnahme ins IIZ-MAMAC (**M**edizinisch-**A**rbeits**m**arktliche **A**ssessments im Rahmen von **C**ase Management) (Egger et al., 2010: 4). Mit IIZ-MAMAC sollen Personen mit komplexen Mehrfachproblematiken rasch erfasst, ganzheitlich begleitet und durch zielgerichtete Eingliederungsmassnahmen wieder in den ersten Arbeitsmarkt integriert werden. Das Problem liegt in den strukturellen Abläufen (administrative Hürden, bedingte Handlungskompetenz des CM-Teams und der Case Managerin) und in der Ausbildung (CM ist eine Weiter-, keine Ausbildung).

Die Palliative-Care-Situation von Herrn Knut und die Situation des alternden, ausländischen Mitarbeiters sind zwei gute Beispiele hierfür. Dort setzte der CM-Prozess nur wenige Tage nach der Diagnoseeröffnung ein. Die Case Managerin war nicht gezwungen, einen Triage-Entscheid abzuwarten oder ihre Arbeit auf den Zeitraum der Bürozeiten zu verschieben. Sie suchte beide Klienten noch am Tag der Kontaktaufnahme auf. Beim ersten Klienten wurden teure Spitaltage, beim zweiten Ausfälle am Arbeitsplatz eingespart. Aus vielen Untersuchungen ist schon lange bekannt, dass die Wiedereingliederungswahrscheinlichkeit abhängig ist von der Dauer der Arbeitsplatzabsenz (The Boston Consulting Group, 2010: 27).

Volkswirtschaftliches Handeln für alle Ebenen

Neuerdings werden an grossen Spitälern Nachdiplomkurse in Management und Führung für das mittlere Kader und die Chefärzte angeboten (Berchtold, 2009: 8). Um die Philosophie der integrierten Versorgung über die Institutionsgrenzen hinaus und im Sinne der Kostensenkung allen Beteiligten und Ebenen zu vermitteln, braucht es zusätzlich zu BWL-Weiterbildungen fürs Spitalkader und für Führungsverantwortliche aus andern Bereichen des CM vor allem eine Weiterbildung in Volkswirtschaft.

Kostengünstigeres, volkswirtschaftlich sinnvolles CM

Um die Kosten des CMs grundsätzlich tiefer zu halten, wird es kostengünstiger und auf einem qualitativ höheren Niveau angeboten.

Ein Beispiel: Die beratenen Klienten entscheiden, ob sie ihren Bedarf an CM-Leistungen abdecken lassen. Sie entlasten die Kosten des Verfahrens durch Kostenmitbeteiligung und entsprechende Verantwortungsübernahme. Dank dem Angehen der Sinnfrage entfallen erfahrungsgemäss automatisch Leistungen, die keinen Sinn mehr machen, was kostensenkend wirkt. Die Gesellschaft tätigt Anfangsinvestitionen in eine Ausbildung für Case Managerinnen, was diese befähigt, freiberuflich nach einem einheitlichen Tarif und auf einem hohen Qualitätsniveau angepasste CM-Leistungen zu erbringen. CM-Kosten werden automatisch sinken, denn für CM gibt es eine günstige Infrastruktur, Bonuszahlungen entfallen.

Anpassung des Bonussystems

Weiteres Einsparpotenzial bietet das Bonussystem. Der Bonus vermag dazu anzuspornen, tatsächlich mehr Leistung zu erbringen. Aber spätestens seit der Bankenboni-Diskussion wissen wir auch um die Gefahr von solch einseitigen Anreizen.

Ein Beispiel: Schön wäre es, die Firmenkultur würde mit den Boni nicht nur die Steigerung des eigenen Betriebsergebnisses anstreben, sondern auch volkswirtschaftlich sinnvolle Ziele. Neu in den Kriterienkatalog aufgenommen werden müssten: Wie viele Schonarbeitsplätze haben wir mit CM erschaffen? Wie viele Suchtpatienten konnten wir nachhaltig reintegrieren? Wie oft wurde der chronischkranke Patient (beispielsweise mit Diabetes) nach fünf Jahren wieder rückfällig, ohne dass es in unserem eigenen Betrieb zu materiellen Verlusten gekommen ist? Wie oft kam es bei Schwerkranken zum Drehtüreffekt?

Beratung und Anleitung der Klienten durch CM – Selbstverantwortung stärken

Die Sparvorgaben der letzten Jahre haben immer beim kapitalintensivsten Posten, dem Personal gespart. Dabei bleibt die Qualität natürlich auf der Strecke. Auch riskiert man so, dass langfristig gutes Personal ausbleibt. Der Rückgang beim Ärzte- und Pflegepersonal in Deutschland sollte uns eine Warnung sein, auch wenn wir im Moment noch davon profitieren. Warum nicht statt dessen vermehrt auf Selbstverantwortung beim Patienten setzen? Das Anleiten der Patienten zum Umgang mit ihrer Erkrankung blieben auf der Strecke. In vielen Spitälern oder Sozialdiensten werden die Klienten nur noch schnell «versorgt». Statt Kosten einzusparen, erhöhen sie sich langfristig.

Ein alltägliches Beispiel sind betagte oder chronischkranke Menschen, die wegen den Komplikationen eines Infektes – typisch sind z. B. der Urininfekt oder eine Lungenentzündung, häufig in Kombination mit einem Sturz – ins Spital kommen. Hier werden sie mit Medikamenten behandelt, doch ihre Grundsituation (Urininkontinenz, zu geringe Flüssigkeitszufuhr, mangelnde Hygiene, unangemessene Ernährung, inkonsequente Medikamenteneinnahmen, Überforderung mit der Selbstpflege im Alltag, fehlende Tagesstruktur, soziale Isolation, fehlender Lebenssinn und fehlende Lebensaufgabe) wird aus Zeitmangel weder im Spital noch in Arztpraxen oder durch ambulante Pflegeorganisationen mit den Patienten angegangen: «Das ist nicht unser Auftrag, denn diese Kosten werden nicht übernommen.» Aus Zeitgründen lernen die Betroffenen nicht den für sie sehr wichtigen und langfristigen, angepassten Umgang mit den Medikamenten oder die Gewährleistung der Hygiene beim Vorliegen einer Urininkontinenz und schon gar nicht Fragen rund um die Bewältigung des Alltags anzugehen. Beim Spitalaustritt oder nach einigen Wochen daheim, zeigen sich wieder dieselben Zustände wie vor dem Eintritt. Die nächste Hospitalisation, zusätzliche Kosten und menschliches Leid sind bereits vorprogrammiert.

Gerade in der Unterstützung von CM-Klienten und Angehörigen bei der Übernahme von Eigenverantwortung und Selbstmanagement liegt eines der grössten Lernpotenziale, das fast gar nicht ausgeschöpft wird. Dabei ist dieser Gedanke nicht neu und der Ansatz war früher selbstverständlich. Unter dem Motto «Hilfe zur Selbsthilfe» unterstützte ein Beistand die hilfebedürftige Person im persönlichen, administrativen oder finanziellen Bereich.

Sparpotenzial aus der Wechselwirkung der drei Ebenen

Es gibt eine positive Wechselwirkung von Mikro- und Makroebene: Aus dem Angehen der Tabus auf Initiative der Case Managerin auf der Mikroebene werden öffentliche Diskussionen um das Tabu der Rationierung auf der Makroebene erwachsen. Diese helfen, das Einsparpotenzial im CM zu erkennen, sobald der Blick auf die gesamtgesellschaftliche Kosten-Nutzen-Rechnung auf lange Sicht geöffnet worden ist. Statt die Entscheidung um Rationierung den Leistungserbringern zu überlassen und sie damit auch zu überfordern, werden Betroffene, sofern gründlich beraten und in der Praxis angeleitet, bei der Umsetzung Verantwortung übernehmen, was erfahrungsgemäss automatisch Kosten senkt.

5.4.2 Finanzierung von CM

> «Man denkt an den Ausspruch Valérys: ‹Wie viele Leute kommen bei Unfällen um, weil sie ihren Regenschirm nicht loslassen wollen!›»
> *André Gide: Tagebücher*

CM ist keine gesetzliche Pflichtleistung. Deshalb gilt: CM wird üblicherweise nur dort finanziert, wo CM einen *return of investment* erbringt, der höher ist als die Kosten (vgl. Kap. 4). Die Finanzierung von CM ist also automatisch mit Eigeninteressen der Beteiligten auf der jeweiligen Ebene verbunden.[11] Es liegt in der Natur der meisten Menschen, dass sie ohne Sinn und Anreiz nicht motiviert sind. Aus dieser Denkweise, der Erwartung eines *return* und der Setzung sinnvoller Anreize leite ich meinen Vorschlag einer Neufinanzierung von CM ab. Das Prinzip ist ganz einfach.

CM finanziert, wer davon profitiert/entlastet wird.

Mit diesem Prinzip öffnet und weitet sich automatisch das Feld. Mehr Beteiligte können profitieren. Wer zahlt, befiehlt. Jeder wird darauf schauen, die beste, langfristig sinnvollste und menschlich angemessene und gerechte Leistung zu erbringen: Mittelverteilung und Chancengleichheit sind gegeben.

---

11 Wendt/Löcherbach (Hrsg.) «Case Management in der Entwicklung», Economica Medizin-Recht.de, Heidelberg, 2006, S. 202, Hans Schmidt / Stefan Kessler, Zitat im Zusammenhang mit dem Verständnis für die Rolle der Vorgesetzten, die in den letzten Jahren in der Verwaltung vermehrt den Kosten- und Leistungsdruck zu spüren bekämen: «Case Management ist keine Sozialromantik im Dienste der Schwächeren!»

Case Managerin wird ein freier Beruf, um Unabhängigkeit zu gewährleisten

Unabdingbare Voraussetzung ist, dass die Case Managerin nicht mehr als Angestellte eines Leistungsträgers tätig sein darf. Andernfalls wird es immer zu Loyalitätskonflikten kommen. Case Managerin muss ein freier Beruf mit einer anerkannten Ausbildung werden. Die Case Managerinnen arbeiten nach einheitlichen Tarifen und nach den festgelegten Kriterien WZW (Wirtschaftlichkeit, Zweckmässigkeit, Wirksamkeit), die im KVG (Krankenversicherungsgesetz) festgehalten sind. Die Handlungskriterien werden so gesetzt, dass sie auf volkswirtschaftlich vernünftige und langfristige Ziele ausgerichtet und sinnvoll für alle drei Ebenen sind. Von Beginn an müssen Anreize unterbunden werden, mit denen die Case Managerin sich ihre eigene Nachfrage erschafft, z. B. indem sie ihren eigenen Leistungsbedarf grosszügig bemisst. Ich schlage eine bestimmte Stundenzahl vor, analog der Leistungen von PhysiotherapeutInnen oder der selbständig arbeitenden Ernährungsberaterinnen. Näheres hierzu in Kapitel 6.

Finanziert wird das CM nach einem Kostenschlüssel, der die Kosten folgendermassen aufteilt:

Die Klienten

Der Klient wählt seine Case Managerin selbst aus, analog seinem Vorgehen bei der Arztsuche, des Notars oder einer Physiotherapeutin. An den Kosten seines CMs bezahlt der Klient 20 %.

Die Gemeinden

Die restlichen 80 % der CM-Kosten finanzieren sich über die Wohnortgemeinde des CM-Klienten. Das EDI (Eidgenössische Departement des Innern) erstellt einen gesamtschweizerisch gültigen und verbindlichen Tarif für CM-Leistungen. Auf diesem Weg bezahlt die Allgemeinheit, also jeder steuerzahlende Bürger, in Solidarität CM für die Bedürftigen. Der volkswirtschaftliche *return* wird die Mikro- und Mesoebene folgendermassen entlasten:

Mikroebene: Die mitfinanzierenden, angeleiteten und beratenen Klienten und ihre Angehörigen übernehmen auf der Basis der Freiwilligkeit erfahrungsgemäss nicht nur Verantwortung, sondern auch einen Teil der eigentlichen CM-Arbeit, was wiederum die CM-Gesamtkosten stark senkt. Gut begleitete Klienten und Angehörige sind weniger krisengefährdet als Betroffene, welche die Übersicht und die Kontrolle über ihre Probleme verloren haben.

Mesoebene: Hier profitieren die Versicherer und die Arbeitgeber von der Entlastung eines neutralen, volkswirtschaftlich orientierten CMs. Die zur Case

Managerin berufenen Versicherungsangestellten, Sozialarbeiterinnen und Pflegefachfrauen können als selbstständige Case Managerinnen arbeiten, ohne Loyalitätskonflikt oder Zwang zu Kostenüberwälzung aufgrund der ökonomischen Triage.

In der anschliessenden Kostenträgerkonferenz werden die eigentlichen Kosten der Massnahmen zur Lösung der Probleme – berufliche Wiedereingliederung, Aufarbeiten des Gesundheitsproblems – je nach Zuständigkeit aufgeteilt. Die Massnahmen finanzieren wie bisher die zuständigen Sozialversicherer (mittels Arbeitslosenversicherung, Sozialhilfe, Ergänzungsleistungen oder Hilflosenentschädigungen als Ergänzungen zur Rente aus der IV oder AHV) und die Beiträge der Krankenkassen oder Privatversicherer (Unfallversicherer, berufliche Vorsorge, Krankentaggeld-Versicherung).

Kostenüberwälzung und einige Modellrechnungen

Zur Veranschaulichung der volkswirtschaftlich möglichen Kosteneinsparung beim langfristigen CM führe ich einige Praxisbeispiele an. Nachfolgend finden Sie jeweils zwei Beispiele aus derselben Betroffenengruppe: ein Betroffener ohne CM und wie es im weiteren Verlauf zur Kostenüberwälzung kam. Anschliessend das Beispiel eines andern Betroffenen aus derselben Gruppe, dessen Situation am Anfang der Ablaufkette mittels CM angegangen wurde. Sie werden genaue Zahlen finden und dort, wo sie nicht verfügbar waren, Erfahrungswerte. Dieses Vorgehen ist nicht durch einen Statistiker erstellt worden und es stützt sich auf *stattgefundene Praxisbeispiele* ab. Trotz einiger Lücken ist diese Gegenüberstellung aussagekräftig, denn sie zeigt annähernde Kostenzahlen im Verhältnis zum Resultat.

5.4.2.1
1. Praxisbeispiel: Gruppe der psychisch kranken Menschen

Herr Maurer, Ablauf ohne CM

Ausgangssituation

Herr Maurer ist ein intelligenter, hochsensibler Mitarbeiter und führt die Kantine einer Sozialversicherung. Er gilt als fleissig und zuverlässig. Seit dem Chefwechsel und nach internen Umstrukturierungsmassnahmen wird er gemobbt. Seither leidet er zunehmend unter mangelndem Selbstwertgefühl, Schlaf- und Appetitlosigkeit. Nach einem halben Jahr erleidet er einen Nervenzusammenbruch.

Ablaufkette ohne CM und mit Kostenüberwälzung

Nach zwei Jahren ist die Arbeitssituation so weit eskaliert, dass es zu einem Gerichtsverfahren kommt. Nach dem Nervenzusammenbruch waren bei Herrn Maurer Asthma, ein Hörproblem (Tinitus) und Depressionen entstanden. Herr Maurer legt laufend Krankheitszeugnisse vor. Für ein CM weist Herr Maurer Negativkriterien auf: Alter 47 Jahre und psychisch krank (Depressionen), was seine Chancen auf dem Arbeitsmarkt einschränkt. Dies steht im Gegensatz zu den Reintegrationschancen eines sonst gesunden, jungen Unfallopfers. Herr Maurer wird sowohl aus dem CM seines Arbeitgebers als auch aus dem CM seiner Krankenkasse, aus dem CM seiner Pensionskasse (BV) und aus dem CM der IV austriagiert. Nach drei Monaten Arbeitsunfähigkeit beantragt Herr Maurer bei der IV eine Umschulung. Nach der Prüfung lehnt die IV die beruflichen Reintegrationsmassnahmen ab. Herrn Maurer wird nach einem Jahr Erwerbsunfähigkeit eine ganze IV-Rente zugesprochen, er selbst hätte Umschulungsmassnahmen vorgezogen. Es folgen der wirtschaftliche und soziale Abstieg. Herr Maurers langjährige Partnerschaft geht in die Brüche. Wegen Depressionen und um dem sozialen Rückzug entgegenzutreten, verordnet ihm der Psychiater zweimalige wöchentliche Aufenthalte in einer Tagesklinik für Psychischkranke. Nach Jahren gelingt es Herrn Maurer, stundenweise und ehrenamtlich in der Cafeteria eines Heimes eine (unbezahlte) Arbeit durchzuführen, um wenigstens so am sozialen Leben wieder teilzunehmen. Eine berufliche Reintegration wird er voraussichtlich nie mehr erfahren.

Grobkosten ohne CM

Herr Maurer verdiente bei einer 100 %igen Anstellung monatlich CHF 6000.–, ist ledig und kinderlos.

Kosten ohne CM in CHF	Monat / CHF	Jahr / CHF	Total / CHF
Medikamente und ambulante med. Behandlungen: Kosten seitens des Klienten nicht mehr bezifferbar			Keine Daten vorhanden
Selbstbehalte sowie Anwaltskosten			12 000
Kosten für Psychotherapie			13 000
Kosten anderer Fachärzte			2'000
Kosten für den Hausarzt			3'000
Lohnausfall: Krankentaggelder während 2 Jahren zu insgesamt 80 %. Im 2. Jahr koordiniert mit der IV-Rente	4800	57 600	115 200

Kosten ohne CM in CHF	Monat / CHF	Jahr / CHF	Total / CHF
Ab dem 3. Jahr volle IV-Rente, während 16 Jahren (bis zur Pensionierung)	2110	25320	405120
BVG-Invalidenrente (berufliche Vorsorge) Kosten nicht mehr bezifferbar			Keine Daten vorhanden
oder aus einer Sozialversicherung zur Sicherung des Existenzminimums von Herrn Maurer: Kosten nicht mehr bezifferbar			Keine Daten vorhanden
Zweiwöchentliche Besuche in der Tagesklinik zu CHF 172,–/Tag, bei 48 Wochen pro Jahr, während 3 Jahre		16512	49536
Gesamtkosten ohne Ergänzungsleistungen oder eine Rente aus der beruflichen Vorsorge und ohne amb. Beh. + Medikamente			599856

Herr Roth, Ablauf mit CM

Ausgangssituation

Das Beispiel von Herrn Roth wird im Praxisbeispiel in Kapitel 5.1.1 geschildert. Auch Herr Roth arbeitete in einer Versicherung und erkrankte an Depressionen.

Ablaufkette mit CM und ohne Kostenüberwälzung

Herr Roth wird sofort bei Bekanntwerden seiner Situation und noch am Arbeitsplatz mit CM aufgefangen. Mit Unterstützung der Case Managerin sucht er noch am selben Tag den Hausarzt auf. Er erhält eine Abklärung und Behandlungen (Psychotherapie und Medikamente) und kann nach 2,5 Wochen Krankheit sowie nach 1,5 Wochen Teilzeitarbeit wieder zu 100 % arbeiten. Durch seine kurze Krankheitszeit bleiben weitere Kosten von Krankentaggeldern aus. Er blieb über Jahre ohne Rückfall.

Herr Roth verdient bei einer 100 %igen Anstellung monatlich CHF 6.000 (Jahreslohn: CHF 78.000) und ist alleinstehend.

Grobkosten mit CM in CHF		
Sprechstunden Hausarzt: Kosten seitens des Klienten nicht mehr bezifferbar		**Keine Daten vorhanden**
Medikamente		160
psychotherapeutische Behandlungen 4 Monate: 4 Psychotherapien à CHF 197	788	
13 delegierte psychotherapeutische Behandlungen à CH 137	1781	
Total Kosten Psychotherapie		2569
Krankentaggelder (80 % versichert): während 17 Tagen (100 % Arbeitsunfähigkeit) zu CHF 170.95	2 906	
während 10 Tagen (50 % Arbeitsunfähigkeit) zu CHF 85.50	855	
Total Krankentaggelder		3761
Kosten CM		1000
Gesamtkosten ohne Leistungen des Hausarztes		7490

Fazit aus den beiden Beispielen

Die beiden betroffenen psychisch erkrankten Menschen erfahren ein Angehen der Probleme. Bei Herrn Maurer wurden Kosten überwälzt. Bis zu seiner Pensionierung werden diese die Grenze einer halben Million Franken mit Sicherheit überschritten haben. Seine Probleme sind jedes Mal kurzfristig und nach den jeweiligen Interessen der Kostenträger angegangen worden. Bei Herrn Roth wurden die Probleme am Ort des Entstehens gelöst. Die Kosten lagen unter CHF 10 000.–.

2. Praxisbeispiel: Gruppe der Menschen in Palliative-Care-Situationen

Ich beschränke die Gegenüberstellung der Problemlösung der beiden Palliative Care-Patienten auf ihre letzte Lebenszeit.

Herr Böhm, Ablauf ohne CM

Ausgangssituation

Herr Böhm ist 58-jährig und leitender Angestellter. Nach seiner Scheidung lebt er mit einer zweiten Partnerin zusammen. Seit anderthalb Jahren leidet er unter einem Bronchialkarzinom (sog. Lungenkrebs).

Ablaufkette ohne CM und mit Kostenüberwälzung

Wegen den Kriterien chronische Krankheit und Alter wurde Herr Böhm aus dem CM seiner Krankenkasse austriagiert. Er durchlief sämtliche zur Verfügung stehende Therapien. Er arbeitet, wenn seine Gesundheitssituation es zulässt. Sein Arbeitgeber riet ihm, eine IV-Rente zu beantragen, was Herr Böhm aber ablehnte. Gepflegt und betreut wird Herr Böhm von seiner Partnerin und von Pflegenden der ambulanten Pflegeorganisation. Sie werden fachlich und punktuell unterstützt von Onkologiepflegenden. Es fehlt aber eine eigentliche Koordination unter den Beteiligten. Immer wieder führen Personalwechsel und Kommunikationsprobleme zu medizinischen und pflegerischen Komplikationen. Herr Böhms Partnerin oder Angestellte der ambulanten Pflegeorganisation weisen dann den Patienten über den Notfallarzt ins Spital ein, bei Atemnot gleich mit der Ambulanz. Die Spitalaufenthalte von Herrn Böhm dauern jeweils zwei bis drei Wochen. Trotz Bedenken der Partnerin kommunizierte Herr Böhm beim letzten Spitalaufenthalt, dass er künftig nicht mehr hospitalisiert werden wolle. Die Chemotherapien wünsche er künftig nur noch ambulant zu erhalten. Trotz sorgfältiger Pflegeüberleitung durch die Spitalsozialarbeiterin liegt Herr Böhm nach vier Tagen wieder im Spital, wo er erneut Chemotherapien erhält. Nach zehn Tagen erfolgt seine Verlegung auf die Palliativstation eines Privatspitals. Dort stirbt Herr Böhm nach dreieinhalb Wochen.

Grobkosten ohne CM in CHF	
Ambulante Behandlungen des Haus-, der Fach- und der Notfall-Ärzte: Kosten seitens der Angehörigen nicht mehr bezifferbar	Keine Daten vorhanden
Medikamente (u. a. Chemotherapien) und Pflegematerial (amb. Bereich): Kosten seitens der Angehörigen nicht mehr bezifferbar	Keine Daten vorhanden
Sauerstoff für temporären Bedarf zuhause, inkl. Bombenmiete, Service und Sauerstoffbrillen	485
3 notfallmässige Ambulanzfahrten ins Spital wegen Atemnot, mit Sauerstoff, à je CHF 1 200,–	3600
1 Ambulanzfahrt als einfache Verlegung (in die Palliativstation)	500
Leistungen der Pflegenden der ambulanten Pflegeorganisation und der Onkologie-Pflegenden über Wochen	6634
49 Spitaltage zu CHF 1489,–	72 961
25 Tage Palliativstation zu CHF 1004,–	25 100
Grobe Gesamtkosten ohne Leistungen 1 und 2	109 280

Herr Knut, Ablauf mit CM

Ausgangssituation

Das Beispiel von Herrn Knut wird im Praxisbeispiel Kapitel 5.1.7 geschildert.

Auch Herr Knut leidet an einem Bronchialkarzinom im Endstadium und hat, wie Herr Böhm, sämtliche zur Verfügung stehende Therapien durchlaufen.

Ablaufkette mit CM und ohne Kostenüberwälzung

Gleich nach der Hospitalisation erhält Herr Knut CM und entschliesst sich, aus dem Spital auszutreten. Die Abklärungen, die Koordination und die Kommunikation sowie die Anleitungen und engmaschigen Beratungen des Klienten und seines Umfelds verhindern weitere Hospitalisationen, auch notfallmässige. Das Team aus der ambulanten Pflegeorganisation und ein Bett auf der Palliativstation stehen für den Notfall bereit, werden aber nie benötigt.

Grobkosten ohne CM in CHF	
Kosten der Hospitalisation, 3 Tage zu CHF 1489,–	4467
Sauerstoff für zu Hause für 1 Monat, inkl. Sauerstoff-Brillen und Service	681
Medikamente (Morphium-Tropfen, Mittel gegen die Obstipation, Pflegemittel, Diuretika)	105
Behandlungen durch den Hausarzt und die Fachärzte, mehrere Telefonate und zwei Hausbesuche: Kosten seitens der Angehörigen nicht mehr bezifferbar	Keine Daten vorhanden
Pflege zuhause und CM (Dauer: 1 Monat)	4000
Gesamtkosten ohne zwei Hausarztbesuche und tel. Konsultationen	9253

Fazit aus beiden Beispielen

Beide Menschen waren wegen eines Bronchialkarzinoms schwerkrank und in Behandlung. Herr Böhm erhielt kein CM, seine Probleme wurden symptomatisch angegangen. Herr Knut, sein Umfeld und alle im CM-Prozess-Beteiligten wurden mittels CM unterstützt und entlastet.

Typisch für Palliative Care-Patienten sind übrigens die immer wiederkehrenden, notfallmässigen Hospitalisationen (Drehtüreffekt) wegen einer fehlenden systematischen Koordination und wegen ungenügender Kommunikation unter den Beteiligten. Wenn sich dabei noch Gesundheitsprobleme wie Erbrechen,

Schmerzen, Atemnot und Angst zuspitzen, ist dies häufig der Ausschlag für eine sofortige und bleibende Hospitalisation bis zum Tod. Zurück bleiben Frustrationen für alle Beteiligten. Die Kosten der unterschiedlichen Problemlösung sind selbstredend: unter CHF 10 000.– bei Herrn Knut und bei Herrn Böhm über CHF 100 000.–. Es kommt häufig vor, dass Betroffene wie Herr Böhm nicht am Wunschort gepflegt und betreut werden und auch nicht am Wunschort sterben können – beim X-fachen der Kosten.

3. Praxisbeispiel: Gruppe der Menschen mit Demenz

Frau Imboden, Ablauf ohne CM

Ausgangssituation

Frau Imboden ist 84 Jahre alt, Mutter von zwei Töchtern und verwitwet. Ihre geistigen und körperlichen Kräfte haben nachgelassen. Im Alltag meistert sie kaum noch ihre Selbstpflege, die Haushaltsführung und die Begleichung ihrer Rechnungen. Sie vergisst einfach laufend alles. Frau Imboden hat sich mit den Hausmitbewohnern zerstritten, seither zieht sie sich sozial zurück. Die neue beigezogene Hausärztin rät, die örtliche ambulante Pflegeorganisation beizuziehen.

Ablaufkette ohne CM

Nach kurzer Zeit ziehen sich die Pflegenden zurück, da die Patientin dem Hilfebedarf gegenüber uneinsichtig ist und die Termine krankheitsbedingt nicht einhält. Frau Imboden kommt dies gelegen: «Egal, da kam ohnehin täglich eine andere und wusste kaum, was bei mir zu tun ist. Das kostete nur.»

Die von den Kindern eingeschaltete Sozialarbeiterin der Pro Senectute rät, für die Rechnungen einen Beistand einzuschalten, was eine der Töchter gleich selbst übernimmt. Sonst ändert sich nichts im Alltag der Patientin, die sowohl aus dem bestehenden CM ihrer Krankenkasse (ökonomische Triage) wie aus dem CM der Pro Senectute (Ressourcenmangel) austriagiert wurde.

Nach Monaten kommt Frau Imboden, auf Grund eines Sturzes, ins Akutspital, um nach 10 Tagen in die alte Situation entlassen zu werden.

Ein Jahr später: Die Patientin ist verwahrlost, ebenso ihre Wohnung. Wiederkehrende Blaseninfekte, Durchfälle und Hautprobleme führen zur erneuten Hospitalisation. Nach den Abklärungen diagnostizieren die Spitalärzte eine mittlere Demenz, um ihre Patientin dann nach insgesamt 4,5 Wochen zu entlassen. Die Spitalsozialarbeiterin, welche über eine CM-Weiterbildung verfügt, hat die Austrittsplanung sorgfältig umgesetzt: Mahlzeitendienste, tägliche Pflege und Betreuungsdienste für die Patientin, laufende Leistungen für Haushaltverrichtungen sowie regelmässige Besucherdienste sollen Frau Imbodens Alltag strukturieren und das Leben zu Hause ermöglichen.

Für die Kosten der Haushalt- und Betreuungsleistungen müssten Frau Imbodens Angehörige das Vermögen der Mutter angreifen. Um dies zu verhindern, werden diese Leistungen durch die Pflegeorganisation als Pflegeleistungen deklariert. Die Krankenkasse bezahlt die Mindeststundenzahl der Pflege an die Kosten der ambulanten Pflegeorganisation.

Weil sich täglich immer neue Pflegende in der unkoordinierten Leistungserbringung abwechseln, kommt es zu Kommunikationsproblemen und einer grossen Unruhe für die demente Frau Imboden. Den Angehörigen fehlt eine zuständige, kontinuierliche Ansprechperson in der Leistungserbringung, was sie verunsichert. Mit einem Urininfekt und nach einem weiteren Sturz kommt die Patientin nach nur zwei Monaten zu Hause erneut ins Spital. Sie wird entmündigt und muss nach vier Wochen gegen ihren Willen in ein Pflegeheim eintreten.

Grobkosten ohne CM in CHF	
Sprechstunden bei der Hausärztin, Untersuchungen, Medikamente	≤ 600
Spitalaufenthalte:	
10 Tage zu CH 1489,–	14 890
31 Tage	46 159
28 Tage	41 692
Leistungen für ambulante Pflege und Haushalt	3568
Gesamtkosten	106 909

Nicht einberechnet sind die anschliessenden Heimkosten über Jahre.

Warum sich Betroffene und Angehörige gegen einen Heimeintritt wehren, lieber Spitaleintritte in Kauf nehmen und es so zur Kostenüberwälzung kommt, wird bei der Betrachtung folgender Tatsachen klar: Im Heim muss der Bewohner die Kosten für die Pension (sog. Hotellerie) selbst übernehmen, im Spital bezahlt dies unter Berücksichtigung des Selbstbehalters der Versicherer. Die Pensionskosten im Heim sind meist viel höher als die Miete und die Ernährung zuhause, der Lebensraum im Heim beschränkt sich üblicherweise auf ein Zimmer. Der Heimbewohner kommt hier auch für die Kosten seiner Betreuung auf. Bei Menschen mit einer beginnenden und mittleren Demenz ist der Betreuungsaufwand in der Regel höher als der für Pflege, die vom Versicherer übernommen wird. In der

Praxis kann der monatliche Heimaufenthalt eines Demenzkranken ohne Pflegekosten schnell CHF 5000,– oder mehr betragen. Ist sein Vermögen bis zum Existenzminimum aufgebraucht, übernimmt dies die öffentliche Hand via Sozialversicherungen. Ein Beispiel für eine Tarifordnung eines Alterszentrums ist in der folgenden Fussnote aufgeführt.[12]

Frau Blum, Ablauf mit CM

Ausgangssituation

Das Beispiel von Frau Blum wird im Praxisbeispiel, Kapitel 5.1.1.6 geschildert.

Auch Frau Blum leidet an einer mittleren und fortschreitenden Demenz. Hausarzt, Verwandte und Leistungserbringer waren, wie in Frau Imbodens Situation, anfangs ebenfalls überfordert.

Ablaufkette mit CM

Frau Blum erhält CM. Die Beteiligten profitieren von der Koordination, Kommunikation sowie von den Anleitungen und Beratungen mittels der Case Managerin. Dies führt dazu, dass Frau Blum bis zu ihrem Eintritt in die Wohngruppe nie mehr hospitalisiert werden muss.

Grobkosten mit CM in CHF	Total
Kosten der ambulanten Leistungen Haus- und Fachärzte: Kosten seitens der Klientin nicht mehr bezifferbar	Keine Daten vorhanden
Wöchentliche Besuche in der Tagesklinik à CHF 172,– während zwei Jahren, insgesamt 96 Tage	16512
Leistungen durch Pflegende der amb. Organisation	12000
CM, ein Jahr	2300
Gesamtkosten ohne Leistungen der amb. Haus- und Fachärzte	30812

12 Als ein zufällig gewähltes Beispiel dient die Tarifordnung von 2010 vom «Alterszentrum der Stiftung Gott hilft», abrufbar unter www.serata-zizers.ch, Angebot, Finanzierung, Tarifordnung 2010. Die Pensionstaxe pro Einzelzimmer kostet pro Tag CHF 125,–, hinzu kommen nicht kassenpflichtige Betreuungstaxen (je nach Betreuungsaufwand zwischen CHF 10,– bis 135,– pro Tag) und andere Leistungen (wie Telefonanschluss, Wäsche- und Flickarbeiten, Handwerkseinsatz, Fahrdienste etc.).

Fazit aus beiden Beispielen

Die Probleme der beiden Demenzkranken wurden unterschiedlich angegangen. Im Beispiel von Frau Imboden führten die Eigeninteressen zu Interessenkonflikten und zu Kostenüberwälzungen, was bei Frau Blum unterbunden werden konnte.

Kostenüberwälzung: Ereigniskette

Anhand eines weiteren Beispiels und der schematisierten Darstellung der Ereigniskette in Abbildung 6 wird erläutert, wie es zur Kostenüberwälzung kommt:

Eine gesunde Angestellte erhält auf Grund von Umstrukturierungsmassnahmen im Betrieb die Kündigung – genau genommen wegen der wirtschaftlichen Probleme, in der ihr Arbeitgeber, die Firma Schick, geraten ist. Die Kündigung setzt der Angestellten zu. Sie erkrankt im Verlauf der Kündigungszeit und wird von einer Stelle zur nächsten weitergereicht. Die klassische Ereigniskette veranschaulicht sehr gut, wie es möglich ist, dass eine potenzielle CM-Klientin aus sechs vorhandenen CMs austriagiert wird. Daraus ergibt sich die Kostenüberwälzung von der Privatfirma Schick zum Staat, dargestellt in Abbildung 7.

Laut Alex Schwank lebt «(...) jede zehnte Person in der Schweiz (...) heute von der Sozialhilfe, der Arbeitslosenkasse oder der Invalidenversicherung. Immer mehr Menschen können nicht mehr in den Arbeitsmarkt integriert werden» (Schwank, 2009: 38).

In der Schweiz wurde 2010 die sechste IV-Revision in die Vernehmlassung gegeben. Die Invalidenversicherung (IV) weist jährlich ein Defizit von 1,1 Milliarden Franken aus. Dies sei viel, aber doch nicht so viel, wenn man bedenke, dass für die Rettung der UBS 68 Milliarden aufgebracht worden seien (Boos, 2010: 7).

Trotz vielversprechender Schlagwörter wie «Arbeit vor Rente» klappt die Eingliederung von Invaliden, welche noch über eine Restarbeitskraft verfügen, nicht: 2007 versprach der Bund, mit dem Projekt Job-Passerelle die verstärkte Integration in die Arbeitswelt zu fördern. Von den 3000 neuen Stellen für Menschen mit Behinderungen sind bisher durch das genannte Projekt nur circa dreissig neue Arbeitsplätze entstanden (Boos, 2010: 7). Wenn die IV-Rente nicht reicht, müssen Ergänzungsleistungen (EL) bezahlt werden. Der Bedarf nach EL ist bei den IV-Rentenbeziehenden stark angestiegen: 41 % der IV-Rentner beziehen eine EL (Boos, 2010: 7).

Kostenüberwälzung, Forschungsprojekte

Bei den beschriebenen Praxisbeispielen, worin mit CM grosse Kosten eingespart werden konnten, handelt es sich weder um Ausnahme- noch um Einzelbeispiele.

Klassische Ereigniskette

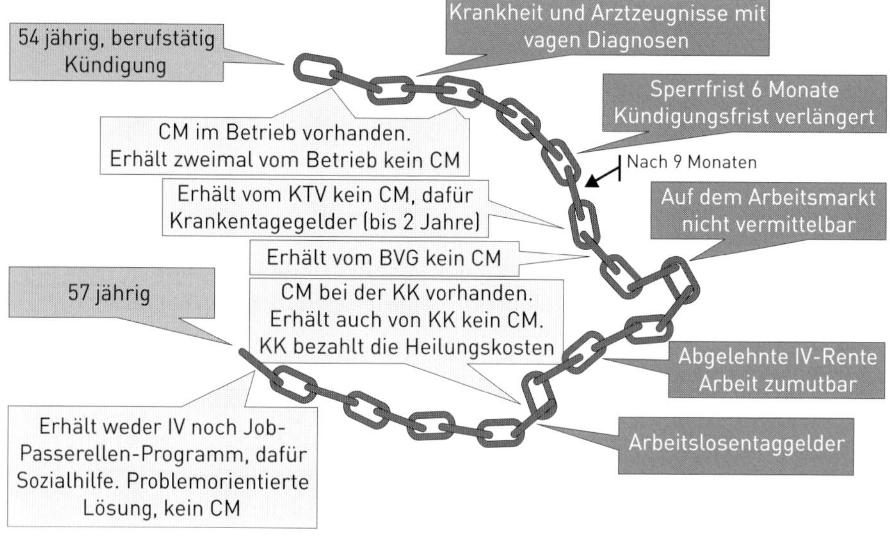

KTG: Krankentaggeld. BVG: Berufliche Vorsorge
KK: Krankenkasse

Abbildung 6: Kostenüberwälzung: Ereigniskette

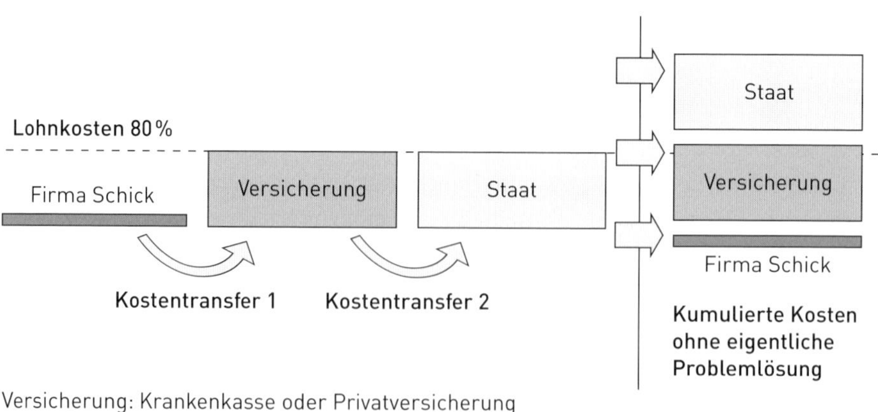

Versicherung: Krankenkasse oder Privatversicherung
Staat: Öffentliche Unterstützungsgelder aller Art: IV, EL, ALG etc.

Abbildung 7: Kostenüberwälzung von der Firma Schick über die Versicherung zum Staat

Sie spiegeln meine persönlichen, jahrelangen Praxiserfahrungen wider. Neugierig geworden, ob Forschungsprojekte über Kostenüberwälzung meine Praxiserfahrungen widerlegen oder bestätigen, recherchierte ich bei Führungspersonen aus der Forschung, Sozialversicherung, Bildung und Politik im Zusammenhang mit CM. Meine Frage lautete: Gibt es Ergebnisse aus Forschungsprojekten, Erfahrungswerte oder Zahlen, welche Auskunft geben über die volkswirtschaftlichen Folgen von potenziellen, jedoch austriagierten CM-Klienten?

Ich fragte nach bei:

- der IV (Invalidenversicherung)
- Santésuisse
- dem BSV (Bundesamt für Sozialversicherungen), beim BAG (Bundesamt für Gesundheit)
- der Sozialdirektorenkonferenz
- Privatversicherern mit CM-Angebot
- Politologen, welche die Schnittstellen zwischen ambulanter und stationärer Versorgung untersuchten
- dem Forschungsleiter einer Fachhochschule Fachbereich Soziale Arbeit
- dem Leiter des Winterthurer Institutes für Gesundheitsökonomie, der auch Care Management lehrt
- der Zuständigen für CM beim BBT (Bundesamt für Bildung und Technologie) sowie
- Praktikerinnen an der Basis.

Die Antwort war einstimmig: Nein. Die Begründungen lauteten: Es bestehe insgesamt eine schlechte Datenlage im CM, weil Einzelbeispiele blenden und gleichzeitig die Triagekriterien für den CM-Zugang nicht offengelegt würden. Oftmals sagte man mir, dass man sich diese Frage noch nie gestellt habe (u. a. Fachhochschule und Universität). CM sei doch eine optimale Entlastung für die Mesoebene: «CM ist doch eine gute Sache, hilft sparen, jedenfalls sagt man das doch von CM?!» Auch hiess es, dass es in wirtschaftlich schwierigen Zeiten verständlich sei, dass die Sozialsysteme mehr strapaziert würden und niemand daran interessiert sei, die volkswirtschaftlichen Kosten der austriagierten, potenziellen CM-Klienten zu untersuchen. «Sponsorn Sie uns doch den Auftrag und wir forschen danach.»

Andere gaben unumwunden zu verstehen: «Ich untersuche abgeschlossene CM-Fälle, kenne die Basis, mir fehlt aber der Praxisbezug. Ich höre zum ersten Mal von Triage und Boni im CM. Interessant!»

Es stellt sich die Frage, wie lange es volkswirtschaftlich noch verantwortbar ist, diese Situation weiterhin unerforscht zu lassen.

6 Folgerungen: Ausblick auf das Jahr 2030

> «Wer Bäume setzt, obwohl er weiss, dass er nie in ihrem Schatten sitzen wird, hat zumindest angefangen, den Sinn des Lebens zu begreifen.»
> *Rabindranath Tagore, bengalischer Dichter (1861–1941)*

Seit Jahren beobachte ich die CM-Szene. Aktuell ist viel Betriebsamkeit zu beobachten. Einerseits ist seit der Wirtschaftskrise der Spardruck noch mehr angestiegen, was auch CM direkt betrifft: Im Zuge der Finanzkrise gab es kurzfristige Ausgabenkürzungen, weshalb Budgets für CM nicht bewilligt wurden (Tischhauser, 2010: 12). Andererseits erkennen einzelne Versicherer, dass die Ressourcen knapper werden. In einigen Krankenkassen beginnt man zaghaft, sich der chronisch Kranken anzunehmen.[13]

Noch fehlt aber der Blick nach vorn. Im Geschäftsleben bedeutet «langfristig» die nächsten fünf Jahre. Die Zeiträume, für die wir heute in der Gesundheitspolitik die Weichen stellen müssen, kommen den meisten Leuten gar nicht in den Blick. Wir müssten für die nächsten 20 Jahre planen. Eine erweiterte Perspektive ist nötig.

13 Ein Schweizer Versicherer erfasst beispielsweise Versicherte mit hohem Medikamentenbedarf – es handelt sich um multimorbide, chronisch kranke Versicherte – und bietet ihnen das Programm «Integrierte Medikamentenversorgung» an. Vorgestelltes Projekt durch Herrn Urs Henseler, «Integrierte Medikamentenversorgung», Forum Santé-Gesundheit, Bern, 28.01.2010.

6.1 Was uns im Jahr 2030 erwartet

Man kann natürlich folgendermassen argumentieren: Wozu heute übers Jahr 2030 diskutieren, wenn wir nicht einmal die heutigen Probleme und die Kosten einigermassen im Griff haben? Dem halte ich entgegen: Wir wissen, dass die Vorkommen fossiler Brennstoffe endlich sind und darüber hinaus ihre Verbrennung schädlich für die Umwelt. Deshalb wird schon seit geraumer Zeit in die Entwicklung alternativer Energiequellen investiert. Warum nicht dieselbe Vorausschau im Gesundheitswesen? Um uns jetzt, solange noch Zeit ist, auf künftige Anforderungen vorzubereiten:

Was erwartet uns im Jahr 2030? Welche Rahmenbedingungen werden sich voraussichtlich wie entwickeln?

Rahmenbedingungen und Auswirkungen: Medizinische Entwicklung, Demografie, Chronischkranke

Die Entwicklung der Medizin wird zusätzliche Möglichkeiten, aber auch weiter steigende Kosten schaffen.

Die Zahl der pensionierten Menschen und der Hochbetagten wird weiter steigen. Automatisch damit verbunden ist die Erhöhung der Anzahl chronisch Kranker, die Behandlung, Pflege und Betreuung benötigen.

Fortschritt und Technik – Grundkonstanten der westlichen Zivilisation seit der frühen Neuzeit – dienen jedem, der dank besseren Therapien mehr Lebensqualität oder längere Überlebenschancen erhält. Die Entwicklung der Medizin erzeugt gleichzeitig nie zuvor dagewesene Fragen. Schritt zu halten in der Auseinandersetzung, ist schwierig, weil diese Fragen oft mit Tabus (allen voran den Todestabu und dem der Endlichkeit der Mittel) verbunden sind. Ist es beispielsweise sinnvoll, bei einem 89-jährigen, multimorbiden herzkranken Patienten den bösartigen, ihn aber nicht belastenden Tumor zu operieren? Bei dieser Fragestellung spielt noch mit, dass die Operation den Hochbetagten seiner bisherigen Autonomie berauben wird. Er wird abhängig sein von täglicher, aufwändiger Pflege. Für ihn bedeutet das höchstwahrscheinlich einen Eintritt ins Pflegeheim. Wann werden wir uns den ethischen, ökonomischen und sozialen Fragen stellen, die der medizinische und technische Fortschritt uns bereits heute stellt, die aber in 2030 wieder neu oder anders gestellt werden?

Die Lebenserwartung in der Schweiz beträgt heute 79 Jahre für Männer und 84 Jahre für Frauen (Seematter-Bagnoud et. al., 2009: 5). Die Überalterung der Bevölkerung, vor allem die wachsende Zahl der über 80-Jährigen, die sich von 2005 bis 2030 fast verdoppeln wird, wird in 20 Jahren einen noch höheren Versorgungsbedarf nach Langzeitbetreuung und Vernetzung in der Leistungserbringung nach sich ziehen (Jaccard Ruedin/Weaver, 2009: 9).

Im Gegenzug wird die aktive Bevölkerung (Menschen zwischen 20 und 64 Jahren) nicht zunehmen (Jaccard Ruedin/Weaver, August 2009: 9). Der Altersquotient, der im Jahr 2000 noch 25 % betrug, wird im Jahr 2030 voraussichtlich auf 42,6 % und im Jahr 2050 vermutlich auf 50,9 % steigen (Soziale Sicherheit CHSS, 2009: S 191.) Wer wird die Versorgung der alten, chronischkranken, dementen und hilflosen Menschen gewährleisten, und womit werden wir diesen enormen Leistungsbedarf finanzieren?

Chronisch erkrankte Menschen weisen Krankheitsbilder auf, die nicht mehr geheilt, nur noch gelindert werden können. Dies sind vor allem:

- Herzkreislauf-Krankheiten
- Krebserkrankungen
  Diese beiden Erkrankungen sind übrigens für 60 % der Sterbefälle bei über 60-Jährigen verantwortlich (Seematter-Bagnoud et. al., 2009: 5).
  Daneben wird die Zahl Chronischkranker mit folgenden Diagnosen steigen:
- Chronische Schmerzen
- Suchterkrankungen (Medikamenten-, Alkohol-, Fett-, Arbeits-, Spielsucht) und ihren Folgen
- Psychische Erkrankungen, allen voran Depression
- Inkontinenz oder Osteoporose
- Diabetes Typ II
- Neurologische Erkrankungen: Demenz, Parkinson, Multiple Sklerose etc.

Chronische Erkrankungen werden auch 2030 nicht nur den Gesundheitssektor belasten, sondern ebenfalls auf das Umfeld ausstrahlen, also auf die Wirtschaft und den Sozialbereich. Die Betroffenen leiden schon aktuell oft an mehreren Krankheiten gleichzeitig (sog. mulitimorbide PatientInnen). Dies wird auch künftig ärztliche, pflegerische Langzeitbetreuung und eine Vernetzung der Betreuung nach sich ziehen, weil die Erkrankungen der multimorbiden PatientInnen Auswirkungen auf verschiedene Disziplinen und Leistungsanbieter haben wird. Der Alltag der chronisch Erkrankten ist schon heute eingeschränkt und beeinflusst auch das tägliche Leben ihrer Angehörigen. Die Teilhabe chronisch kranker Menschen an der Gesellschaft kann sich künftig noch mehr einschränken, da Familiensysteme sich immer mehr verändern und die Mitglieder nicht selten weit voneinander entfernt wohnen. Dieser Trend wird sich voraussichtlich bis 2030 fortsetzen.

Das Risiko für bestimmte chronisch verlaufende Krankheiten steigt mit zunehmendem Alter, z. B. das Risiko für eine Demenz. Bereits heute kann der Bedarf an Pflege und Betreuung von leistungsabhängigen chronisch Kranken mit einem hohen Betreuungsbedarf kaum abgedeckt werden. Die Schweiz rekrutiert bereits Personal aus dem Ausland, die Tendenz ist steigend. Wie werden wir unter diesen Voraussetzungen die medizinische und pflegerische Betreuung der chronisch Kranken im Jahr 2030 sicherstellen?

Personalmangel und Kostendruck

Der Ärztemangel wird den Druck auf die Pflege zusätzlich erhöhen, ebenso die SwissDRG (Fallkostenpauschale), die ab 2012 flächendeckend in der Schweiz eingeführt wird. Wegen Erreichen des Rentenalters und steigendem Personalbedarf braucht die Schweiz bis 2030 rund 190 000 neue Arbeitskräfte im Gesundheitswesen – soviel wie heute insgesamt in Spitälern, Heimen und in den ambulanten Pflegeorganisationen arbeiten. Die Schweiz bildet nur einen Drittel davon selbst aus (Die Schweizer Krankenversicherer, 9/09: 16).

Diese Probleme werden im Moment überwiegend noch isoliert betrachtet. Ihre Lösung erfordert jedoch vernetztes Denken.

Erfahrungen aus dem Ausland zeigen, dass mittels Einführung der Fallkostenpauschale die Dauer der Spitalaufenthalte sinkt. Dies wird noch vor 2030 zu komplexeren Krankheitsbildern der Patienten im ambulanten Bereich führen, was sozial, ärztlich und pflegerisch angegangen werden muss. Der Mangel an Haus- und andern Ärzten im ambulanten Bereich, insbesondere in abgelegenen Regionen, wird den Druck auf die Pflege und auf andere Leistungserbringer (z. B. Sozialdienste, Notfallstationen, Pflegeheime, Rehabilitationszentren) zusätzlich erhöhen. Grosse Erwartungen lasten in der Schweiz auf den ambulanten Pflegediensten, der sog. Spitex. Mit ihren heutigen Strukturen wird es den meisten Spitex-Organisationen kaum möglich sein, die zunehmend anspruchsvoller werdenden Spitalaustrittssituationen ihrer Patienten zu Hause zu bewältigen,[14] obwohl es durchschnittlich in der Spitex pro 1000 Einwohner im Alter von 65 Jahren oder älter bereits 10 Vollzeitstellen gibt (Helsana Mitgliederzeitung, 2010: 14). Wie wer-

14 Schweizweit herrscht in den ambulanten Pflegeorganisationen, der sog. Spitex, ebenfalls chronischer Pflegepersonalmangel, insbesondere in den Städten. Die Gesamtkosten pro verrechnete Stunde der Spitex haben schweizweit von 1998 bis 2008 um 40 % zugenommen, die Spitex-Organisationen stehen unter Spardruck. Der grösste Teil der Spitex-Angestellten weist keinen spezifischen Spitex-Ausbildungsabschluss auf und diese Angestellten arbeiten in einem durchschnittlichen Anstellungsgrad von 35 % (Spitex-Statistik, 2008; 4, 6–7).

den wir mit diesen Realitäten umgehen, ohne dass es zum (kostspieligen) Drehtüreffekt kommt?

Die Autoren Jaccard und Weaver halten fest, dass aufgrund der demografischen Entwicklung bis 2030 ein Grossteil der heutigen Arbeitnehmer im Gesundheitsbereich das Pensionsalter erreicht haben wird. Es sei wenig wahrscheinlich, dass unser System nachhaltig eine so grosse zusätzliche Menge an Gesundheitspersonal rekrutieren und finanzieren kann, vor allem für Heime und Spitex. Denn anteilsmässig sind gerade diese Institutionen von Abgängen infolge Erreichen des Pensionsalters betroffen (Jaccard Ruedin/Weaver, 2009: 2,11).

In diesen Bereichen zu arbeiten gilt schon seit langem als besonders kräftezehrend. Die Pflegenden geniessen kein hohes Ansehen in der Gesellschaft und zudem sind sie mit der Entlohnung unzufrieden. Wie werden wir also den Mangel an Pflegepersonal, nicht erst im Jahr 2030, sondern bereits jetzt, ausgleichen?

Komplexere Klientensituationen bei einem grösseren Mengenangebot fordern uns auf, schon jetzt die Vernetzung unter den Leistungserbringern aktiv in Gang zu setzen. Wenn wir es heute nicht tun, werden die künftig schwindenden Ressourcen (Personal und Finanzen) und kürzere Hospitalisationen uns dazu zwingen.

Folgerungen

Wie soll die Versorgung für die personalintensiveren, austriagierten CM-Klienten organisiert werden? Womit kann das alles finanziert werden? Heute, im Jahr 2011, sind heftige Diskussionen im Gang, wer die Leistungen bezahlen könnte, aber kaum, wie und wo wir die Ausgaben vor dem Jahr 2030 einsparen wollen.

Realistischerweise muss man bekennen, dass der heutige Ansatz der Bedarfsdeckung für CM ein Auslaufmodell ist: Eine Leistungserbringung, die sich aus den beschriebenen Gründen laufend erhöht bei gleichzeitig schmelzenden Personal- und Finanzressourcen kollabiert früher oder später. Wenn wir diese Parameter nicht grundsätzlich angehen, wird es schon vor dem Jahr 2030 zu Schreckenszenarien mit Diskriminierung, Unterversorgung und einem mehr als fragwürdigen Umgang mit den Schwächeren unserer Gesellschaft kommen. Skandale aus medizinischen, pflegerischen, ambulanten oder sozialen Einrichtungen, die wir heute gerne als Ausnahmeerscheinung abtun, könnten zum Alltag werden. Niemand wünscht sich einen derartigen Standard im Gesundheitswesen. Eine Gesellschaft, die ihre Schwächsten diskriminiert, lenkt von der eigenen Verantwortung ab. Es besteht dabei die Gefahr, dass mit der Zeit ganze Bevölkerungsgruppen abgehängt werden: Schwerkranke, Sterbende, Chronischkranke, Langzeitarbeitslose und alte Menschen. Früher oder später werden wir alle einer dieser Gruppen angehören. Es wird auch uns treffen, finanziell oder persönlich.

Was ist zu tun?

Der Blick in die Zukunft gibt Gelegenheit, bereits heute mit der Umsetzung der Ziele anzufangen – warum nicht im typisch schweizerischen Kompromiss und in fortlaufenden Schritten?

Da im Gesundheitswesen vor allem die Berufe in der Langzeitbetreuung nie wirklich attraktiv waren und es auch künftig kaum sein werden, auch nicht mit höherer Entlohnung, werden sich die Betroffenen und ihr Umfeld selbst helfen und etwas einfallen lassen müssen. Case Management als eine Möglichkeit, sie dabei zu unterstützen und gleichzeitig die schwindenden Ressourcen nicht völlig versiegen zu lassen, ist eine taugliche Alternative zu der furchtbaren Realität, die Insider aus dem Sozial- und Gesundheitsbereich an der Basis zum Teil schon heute erleben.

Die Probleme aufgrund des Personalmangels, der schwindenden Ressourcen, der Überalterung der Bevölkerung und der Zunahme chronischer Krankheiten können schon heute angegangen werden, bevor es noch enger wird. CM, das nicht einer privilegierten Minderheit vorbehalten bleibt, kann die Beteiligten im Prozess und auf allen drei Ebenen entlasten, auch wenn CM kein Allheilmittel ist.

Bedürftige in komplexen Situationen erhalten CM

Der Bedarf an CM für die Klienten mit den wenigsten Ressourcen muss für die nächsten Jahrzehnte abgeschätzt werden. Nicht um «Sozialromantik» zu betreiben, sondern aus langfristigen Überlegungen: Die Schonung der Ressourcen und die Entlastung der Beteiligten auf den drei Ebenen beginnt heute. Vielleicht wird es möglich sein, bis 2030 trotz wahrscheinlich weniger Ressourcen keine Bedürftigen mehr aus dem CM austriagieren zu müssen.

Case Managerinnen üben nicht die Funktion, sondern den Beruf der Case Managerin aus. Zudem arbeiten sie freiberuflich.

Bis heute ist CM in der Schweiz kein Beruf, sondern eine Funktion, die von unterschiedlichen Berufsleuten mit (oder auch ohne) entsprechender Weiterbildung angeboten und ausgeübt werden darf (vgl. Kap. 4.1.4). Mit der heutigen Weiterbildung, die keine Ausbildung ist, sind die Case Managerinnen jedoch für die anspruchsvolle Aufgabe der langfristigen Kosteneinsparung eindeutig überfordert, was den meisten nicht bewusst ist. Mehr dazu unter 6.2 Die «neue» Case Managerin.

Schaffung einer Ombudsstelle

Die Schaffung einer Ombudsstelle bei Fragen rund um CM wird es ermöglichen, eine neutrale Ansprechperson bei Interessenkonflikten heranzuziehen, bevor eine problematische Situation entsteht und eskaliert.

CM wird zum Ausschöpfen des grössten Sparpotenzials ab sofort in Spitälern eingesetzt

Um das grösste Sparpotenzial im Gesundheitsbereich auszuschöpfen, nämlich die Optimierung und Kürzung der Spitalaufenthalte, kommt CM sofort zum Einsatz.

Im Spitalwesen liegt ein hohes Sparpotenzial. CM kann nicht nur die Dauer kostspieliger Hospitalisationen senken, sondern auch den Ablauf während der Hospitalisation deutlich optimieren (vor allem die Kommunikation), was die Qualität in der Leistungserbringung erhöhen kann. Spitalaufenthalte von Menschen, deren soziale, wirtschaftliche und Krankheitssituation komplex ist oder voraussichtlich werden wird, werden bereits vor dem Spitaleintritt mit CM angegangen. Die Case Managerin organisiert den Austritt somit bereits vor bzw. mit dem Eintritt. Dasselbe gilt erst recht für entsprechende Patienten, die notfallmässig hospitalisiert werden.

Geben wir CM eine Chance!

Die Praxisbeispiele sprechen eine deutliche Sprache: CM bietet die Chance, dass alle Beteiligten auf allen Ebenen zu gleichberechtigten Partnern werden, einbezogen sind und nach einem einheitlichen, gemeinsam erstellten Plan zusammenarbeiten. Dank optimaler Kommunikation sind die Übergänge unter den Spezialisten und zwischen den Institutionen fliessend. Vernetzung und Problemlösung mit langfristiger Zielsetzung und mittels CM kann künftig erfolgreich sein.

6.2 Die «neue» Case Managerin

Ausbildung

> «CM wird Mode. Leider hat es darunter auch viele Scharlatane.»
> *Zitat einer CM-Klientin*

Ich schlage vor, die Funktion Case Managerin zu einem regulären Ausbildungsberuf umzuwandeln. Die Ausbildungsinhalte werden der anspruchsvollen Praxis angepasst, was eine hohe Professionalität benötigt. Folgende Rahmenbedingungen gelten für die Ausbildung.

Voraussetzungen

Die CM-Ausbildungskandidatin bringt einen Herkunftsberuf und Praxiserfahrung mit, die für den CM-Beruf unabdingbar sind. Sie weist ein Diplom und mehrjährige Berufserfahrung in einem der folgenden Bereiche auf:

- Sozialarbeit
- Pflege/Medizin
- Sozialversicherung
- Berufsberatung
- Psychologie.

Zudem muss sie in volkswirtschaftlichen Dimensionen denken können und handeln wollen.

Aufnahme

Bevor die Case Managerin die Ausbildung antritt, hat sie ein Praktikum von drei bis sechs Monaten absolviert. Die Praktikumsbegleiterin, eine ausgebildete und erfahrene Case Managerin, stellt ein Praktikumszeugnis für die Ausbildungsstätte aus.

Es findet eine strenge Aufnahmeselektion statt, was die Motivation und die charakterliche Eignung für die Ausbildung und Ausübung des zukünftigen Berufes und die kommunikative und organisatorische Eignung anbelangt.

Ausbildungsinhalte

Nebst dem CM-Ablauf sind folgende Inhalte Pflicht:

- Kommunikation, Koordination, Gesprächsführung, Moderation
- Psychologie, Selbstreflexion
- Beratungsmodelle
- Sozialversicherungsrecht
- Medizin und Pflege
- Soziologie
- ethische, politische und rechtliche Grundlagen im CM

- Volks- und Betriebswirtschaft
- Projektmanagement und Organisation
- Einzel- oder Gruppenunternehmertum im CM
- interinstitutionelle Netzwerkarbeit
- Praktika.

Die Praktika während der Ausbildungszeit müssen die angehenden Studierenden selbständig suchen.

Es ist wichtig, die Theorie in der Praxis anzuwenden: Die Praktika betragen je mehrere Monate und betreffen jene beiden Bereiche, die ausserhalb der eigenen Herkunftsbranche liegen. Für eine künftige Case Managerin im Bereich Versicherung ist dies ein Praktikum im Gesundheitswesen, also Medizin und Pflege, z. B. auf einer Notfallstation oder bei Demenz-Betroffenen sowie ein Praktikum im Sozialwesen, z. B. in einer Sozialhilfe. Die Ausrichtung muss praktischer Art sein, damit die Begegnung mit den Menschen und ihrem Alltag branchenübergreifend möglich ist.

Für die Case Managerin im Bereich Gesundheitswesen wird es ein Praktikum bei Versicherern sein, wo sie mit der so ganz anderen Welt der Wirtschaft konfrontiert ist sowie ein Praktikum in der Sozialarbeit, z. B. im CM einer Suchtentzugsstation.

Für den Sozialarbeiter ist je ein Praktikum in der Pflege/Medizin sowie bei Versicherern, z. B. im CM eines Privatversicherers sinnvoll. Der sog. «Seitenwechsel» wird übrigens in der Schweiz schon heute von einigen Führungsleuten aus der Wirtschaft in Form eines Aufenthalts von einigen Tagen oder einer Woche in einem Gefängnis, Heim oder auf einer Notfallstation durchgeführt.

Ein Praktikum in einer Institution der Makroebene rundet die praktische Ausbildung jeder Case Managerin ab. So bietet sich beispielsweise ein Praktikum im Versicherungsverband, in der Gesundheits- oder der Fürsorgedirektion, bei einem Politiker, der mit CM in Berührung kommt, beim Berufsverband der Branche, in der Politik oder im Ausland an.

Abschluss: Diplom oder Bachelor

Der Lehrgang muss zwingend mit einem Diplom, könnte jedoch auch mit einem Bachelor abschliessen. Die Prüfungen sollen sich sowohl aus praktischer Projektarbeit als auch aus theoretischen Prüfungen zusammensetzen. Die Case Managerin wird von Experten, die in der CM-Berufspraxis stehen, geprüft, so wie es in vielen Berufen üblich ist.

Gegenstand der Prüfungen sind auch ethische Themen und Haltungsfragen, die in der Ausbildung immer wieder angegangen und bearbeitet wurden.

Freiberuflichkeit

Als Einsatzgebiete stehen der Case Managerin je nach Basisausbildung die spezialisierten Gebiete Versicherung, Gesundheit, Bildung oder Sozialwesen offen.

Unabhängigkeit

Case Managerinnen arbeiten freiberuflich. Somit ist ihre Unabhängigkeit von einseitigen Interessen besser gewährleistet.

Die Ausübung des Berufes erfolgt als unabhängige und neutrale Berufsperson, analog den Ärzten, Anwälten, Osteopathen und freiberuflich Pflegenden in eigener Praxis. Dies erleichtert es der Case Managerin, ohne Vorgaben oder Eigeninteressen einer Institution bzw. eines Arbeitgebers, der zugleich Auftraggeber von CM ist, nicht einseitig die Interessen des Klienten oder der auftraggebenden Institution, sondern (im weitesten Sinne) die Interessen der Gesellschaft zu wahren. So wird dem Spannungsfeld konkurrierender Interessen am besten Rechnung getragen und mögliche Interessenkonflikte sind abgefedert. Die freiberufliche Tätigkeit wird die Kosten des CM-Verfahrens automatisch senken, da eine freiberufliche Case Managerin über eine günstige Infrastruktur verfügt.

Kostentransparenz

Von Anfang an müssen Anreize unterbunden werden, mit denen die Case Managerin sich ihre eigene Nachfrage erschafft, z. B. indem sie ihren eigenen Leistungsbedarf grosszügig bemisst. Ich schlage eine bestimmte, befristete Stundenzahl fürs CM vor, analog den Leistungen von Physiotherapeuten oder selbstständig arbeitenden Osteopathen.

Zulassung

Der Beruf soll von der GDK (Gesundheitsdirektorenkonferenz) anerkannt, geprüft und gesetzlich geregelt sein, damit die Klienten freie Hand haben bei der Auswahl. Um den Beruf selbstständig und eigenständig auszuüben, stellt die GDK aufgrund eines Reglements eine Berufsausübungsbewilligung aus. Bedingungen sind unter anderem ein Diplom- oder Bachelorabschluss in CM und mindestens drei Jahre praktische Erfahrung. Dieselbe Behörde verleiht Fachtitel zur Qualifikation eigenverantwortlicher Berufstätigkeit im betreffenden Fachgebiet, wie beispielsweise Case Managerin im Versicherungs-, Gesundheits- oder Sozial- oder Bildungsbereich.

Auch Ärzte, Physiotherapeutinnen, Hebammen oder Pflegefachfrauen in eigener Praxis arbeiten aufgrund einer ihnen zugeteilten Berufsausübungsbewilligung.

6.2.1 Kontrollinstanz

Fachgremien kontrollieren regelmässig die CM-Dienstleistungen. Die Case Managerin nimmt jährlich eine gewisse Anzahl Fortbildungstage im Zusammenhang mit CM wahr. Ist die Fortbildungspflicht nicht erfüllt, kann die Aufsichtsbehörde Massnahmen und Sanktionen treffen, bis hin zum Verlust der Berufsausübungsbewilligung.

Standesregeln

Es sollen verpflichtende Standesregeln gelten, die sämtliche ethischen und moralischen Regeln umfassen, welche alle Case Managerinnen bei der Ausübung ihres Berufs zu beachten haben. Ein Ethikrat wacht über die Einhaltung der Standesregeln. Hat eine Case Managerin gegen die Standesregeln verstossen oder die berufliche Sorgfaltspflicht verletzt, kann eine Beschwerde erhoben werden, welche durch die Beschwerdekommission des Staates behandelt wird. Verweise, Bussen, zeitliche Suspendierung bis zum Entzug der Berufsausübungsbewilligung können ausgesprochen werden.

Berufsbezeichnung

> «… und der Name (Case Management, Anmerkung der Autorin) ist Scheisse. Wir sind schliesslich keine Fälle! »
> *Zitat eines ehemaligen CM-Klienten*

Case Management ist derzeit eine Funktion und kein Beruf. In der Schweiz leitete sich die Funktion in den 1990er-Jahren aus der Versicherungsbranche ab. Schadeninspektoren wurden zu Case Managern «umfunktioniert». Die damit verbundene amerikanische Bezeichnung ihrer Funktion war damals und ist bis heute mehrheitlich nicht erwünscht. Bei den Ausübenden wie auch bei den Klienten stösst dieser Titel immer noch auf Unverständnis bis Ablehnung. Zwei Pflegepraktikantinnen auf der Notfallstation, lachend: «Bitte? Case Management? Ist da überhaupt ein menschlicher Kontakt möglich?»

Die Übernahme einer passenden Berufsbezeichnung drängt sich auf. Zum Beispiel folgende, die ein engagierter CM-Teamleiter im Zusammenhang mit dem CM-Jargon spontan verkündete: «Warum sprechen wir nicht einfach von Chancen-Management statt von Case Management, folglich von einer Chancen-Managerin? Langfristig angesteuertes CM kommt ja allen zugute.»

In der Romandie heisst die im Spital tätige Case Managerin «infirmière de liaison», in deutschen Spitälern spricht man von «Überleitungspflege» oder «Überleitungsmanagement». Im CM geht es um die Konsensfindung, aber vor allem auch um die Verbündung mit Netzwerkbeteiligten. Statt der Managerin können wir von der Betreuerin sprechen. Systembetreuerin statt Case Managerin oder …? Es gäbe viele mögliche Bezeichnungen

Haben Sie eine Idee? Schreiben Sie mir!

7 Nachwort

> «Schön und gut, dein Praxishandbuch, aber der Chef (aus Versicherung/Politik/Ausbildungsstätte, Anm. der Autorin) wird das niemals lesen.»
> *Zitat eines Probelesers*

Die Kommentare einzelner Probeleser lauteten:

«Was soll das nun sein, CM?! Es braucht doch nur etwas Solidarität, Hilfe aus dem Umfeld, gesunder Menschenverstand, jemand der kontrolliert, und CM ist nicht nötig!»

«Dass überhaupt triagiert wird im CM, das ist für mich schon neu. Aber was ist daran so schlimm? Das Problem ist doch ein anderes: Im Gesundheitswesen wird man auch mit sog. Wirtschaftlichkeitskriterien nie sparen, warum auch? Die Versicherer bezahlen ja automatisch, auch mit neuen Ansätzen, z. B. Care Management».

«Ihr CM-Modell ist als Idee leider kaum ein kleiner Tropfen im ganzen Chaos. Das Buch können Sie gleich in die Schublade versenken. Sie sind damit nicht nur zwanzig Jahre zu früh, sondern gleichzeitig überholt: Wir werden es nie erleben, dass öffentlich Stellung bezogen wird zu Fragen nach Rationierung. Der Mensch ist ein Egoist, und es war schon immer ein Menschheitstraum, ewig zu leben.»

«Die ökonomische Triage im CM ist eine Spekulation, belassen wir CM doch beim Bisherigen.»

«Nächstes Jahr muss dann das CM unserer Institution noch radikaler triagieren. Dass CM auch Menschen mit geringen Ressourcen erreichen soll, ist ja nett, aber reine Augenwischerei!»

Den Beweis, dass CM ohne Triage volkswirtschaftlich sinnvoll ist, kann kein Buch liefern. Das können nur Zahlen und Erfahrungen, also die Praxis. Dies bedeutet: Knochenarbeit von unten nach oben. Der Anfang ist gemacht.

Eine Gesinnungs- und Verhaltensänderung gegenüber CM an Fachhochschulen, in Chefetagen oder in der Politik ist nicht über verbale Forderungen zu erreichen, wohl aber durch erfolgreich verlaufene CMs von austriagierten KlientInnen. Sie sind selbstredend.

Wie können wir nun vorgehen – Sie als einzelne Case Managerin an der Basis oder Sie als CM-Teamleiter im harten Praxisalltag?

Indem Sie sich in einem ersten Schritt schonungslos selbst der Sinnfrage stellen und Ihre persönliche Patientenverfügung verfassen. Auch wenn sie nur eine Momentaufnahme darstellt, zwingt die Patientenverfügung den Menschen, sich mit der Endlichkeit seines Lebens auseinanderzusetzen und schafft gleichzeitig Raum für neue Chancen: Was ist wirklich sinnvoll in Ihrem Leben?

Im zweiten Schritt überdenken Sie Ihre Haltung dem Leben gegenüber und Ihre eigene Rolle im CM und anschliessend die, die wir üblicherweise anderen Beteiligten im System zuweisen.

Im dritten Schritt setzen Sie die Theorie des Modells CM ohne Triage schrittweise in die Praxis um und zwar – das ist wichtig – gerade bei einzelnen Austriagierten, denjenigen mit den ressourcenschwächsten CM-Klienten Ihrer Institution. Dabei sammeln Sie wertvolle Einsichten, die Sie in Erfahrungsgruppen austauschen können. Die Resultate, vorab die ökonomischen, werden wir an CM-Tagungen im In- und Ausland vorstellen, den Vorgesetzten ebenso wie den Verantwortlichen aus der Politik. Daraus kann sich ein alternatives, sinnvolles CM für alle drei Ebenen weiterentwickeln und das Argument stützen, dass ein seriöses CM-Angebot nur über CM-diplomiertes Personal (statt zertifizierte Institutionen) erbracht werden darf. So kann die Umsetzung eines an die Realität angepassten CMs von oben nach unten gelingen.

Es sollte gar nie so weit kommen, dass es CM benötige, sagen Kritiker zu Recht. Heute können Schadeninspektoren, die Sozialarbeiterin oder die einstige Gemeindeschwester Menschen in vielfältigen Problemen nicht mehr zur Seite stehen so wie «früher». Ihre Rollen haben sich drastisch verändert, und sie alle leiden unter enormem Arbeitsdruck wegen der Personalreduktion. Dies ist der Hauptgrund, dass CM überhaupt aktuell wurde. Wir können das Rad der gesellschaftlichen Veränderung aber nicht zurückdrehen. Das Verfahren Case Management ist erst der letzte Schritt, nachdem vorbeugende Massnahmen, also Prävention, nicht gegriffen hat und die nicht angegangene Problematik zu einer komplexen Situation auswuchs.

Der Präventionsgedanke ist gut, noch besser die Idee der Gesundheitsförderung. Ich arbeite seit über dreissig Jahren in der Branche und habe erfahren, dass Prävention ein Zauberwort ist. In der Theorie gelingt sie immer, in der Praxis versagt sie aber kläglich. Prävention im Sozial-, Gesundheits- und Versicherungswesen ist zur Zeit eher mit einer (sehr schlecht geführten) Baustelle vergleichbar, anders gesagt: Wir reagieren nur, wir agieren nicht. Oder wenn wir ein medizinisches Bild bemühen möchten: Ist unser Gesundheitssystem mit einem Spital vergleichbar, dann ist die Ambulanz riesig, die Prävention jedoch eine Besenkammer.

Grundsätzliche Verhaltensänderungen benötigen Beratung und vor allem Stellungnahmen zur Frage nach der Endlichkeit der Mittel und des Lebens, bevor es zu einer Einsicht kommen kann, nicht nur bei Klienten. Verhaltensänderungen sind mühsamer umzusetzen als kurzfristigen Erfolg versprechende Kurse im CM, für gesunde Ernährung, die mediale Aufforderung, sich mehr zu bewegen oder die bedrohliche Warnung vor krankmachendem Verhalten bzw. gefährlichen Substanzen. Noch so gut gemeinte, staatlich unterstützte CM-Projekte oder Effekt haschende Angebote von Versicherern sind langfristig nicht erfolgreich, wenn sie nach zwei Jahren nicht weiterverfolgt werden. Die Knacknuss ist langfristig die Umsetzung, die engmaschige Begleitung und die Kontrolle der Beteiligten. Machen wir weiter bis hierher und versäumen es, unsere Probleme im Versicherungs-, Gesundheits- und Sozialwesen endlich für alle drei Ebenen grundsätzlich und langfristig anzugehen? Das CM von heute reicht nicht für die Aufgaben, die wir heute schon lösen müssen, geschweige denn für die der Zukunft.

Geben wir jedoch langfristig ausgerichtetem CM und somit den Schwächsten unserer Gesellschaft auch eine Chance, nicht nur, weil jeder von uns einmal zum Hilfesuchenden werden und auf Hilfe angewiesen sein könnte, sondern weil es sich langfristig für jeden von uns auch ökonomisch lohnt. Ich nehme zum Schluss nochmals Franz Kafkas kleine Fabel aus der Einleitung auf und führe sie im Zusammenhang mit CM weiter:

Kleine Fabel von Franz Kafka

«Ach», sagte die Maus, «die Welt wird enger mit jedem Tag. Zuerst war sie so breit, dass ich Angst hatte, ich lief weiter und war glücklich, dass ich endlich rechts und links in der Ferne Mauern sah, aber diese langen Mauern eilen so schnell aufeinander zu, dass ich schon im letzten Zimmer bin, und dort im Winkel steht die Falle, in die ich laufe.» – «Du musst nur die Laufrichtung ändern», sagte die Katze und frass sie.

Meine mögliche Weiterführung:

Das heisst, sie wollte sie fressen. Die Maus entschlüpfte und sprang in die Falle. In gebührendem Abstand zur Katze sprach eine Amsel: «Bedenke, wenn du die Maus gefressen hast, wird die kurze Befriedigung bald wieder von Gelüsten abgelöst. Wir alle brauchen Nahrung und wollen überleben, warum verbünden wir uns nicht? Ich zeige dir Plätze, wo das Futter nie versiegt, und du lässt uns am Leben.»

Diese Verlockung war stärker als die Gier, die Katze willigte ein. Die Amsel führte Katz und Maus zum Hinterhof einer Grossbäckerei und wies auf Lebensmittelreste hin, die immer wieder anfallen. Statt zu jagen, verteidigte nun die Katze ihr Territorium. Das stattliche Tier, das sich von den Bäckern streicheln liess, erhielt sogar Leckerbissen. «Die hält uns die Mäuse von den Mehlvorräten fern!» – «Pass auf!», warnte die Amsel regelmässig die Maus, «ob Mensch oder Katz, der Anspruch des Stärkeren ist immer der rechtmässige.»

Glossar

Altersquotient. Mit dem Altersquotienten sind Rentnerinnen über 65 Jahre gemeint.

Betriebliche Gesundheitsförderung. Bei der betrieblichen Gesundheitsförderung geht es um Massnahmen zur Verbesserung der Gesundheit am Arbeitsplatz.

Compliance. Die Bereitschaft eines Patienten zur aktiven Mitwirkung an therapeutischen Massnahmen. Einwilligung, Einverständnis.

Drei Ebenen des CM. Auf der Mikro- oder der operativen Ebene betrifft CM die Verantwortung für die Klienten: In klientenbezogenen Verfahrensschritten erfasst die Case Managerin den Bedarf; bearbeitet, plant und steuert mit dem Klienten sowie den Beteiligten die Versorgung.

Auf der Meso- oder der strategischen Ebene wird die Steuerung auf der betrieblichen Ebene verantwortet, die Organisationsstrukturen festgelegt, die Überlegungen entwickelt und umgesetzt, Konzepte erarbeitet und Prozesse gesteuert.

Auf der Makro- oder der normativen Ebene wird die Legitimationsverantwortung auf der gesellschaftlichen- und politischen Ebene übernommen. Politische Ziele in der Sozialplanung werden als Leistungsangebot für die Versorgungsplanung definiert und Gesetze werden erlassen.

DFI/Drogen Forum Innerschweiz. Institution für Suchtkranke. Das Grundkonzept hält fest, dass ab Behandlungsbeginn jeder Klient einer Case Managerin zugeführt wird.

Drehtüreffekt. Dieser Begriff beschreibt die Situation von Menschen, die aufgrund verschiedener Probleme immer wieder Hilfe in einer Situation anfordern.

Drehtüreffekt im Sozialbereich: Menschen sind immer wieder auf das Sozialamt angewiesen, weil ihre problematische Situation kurzfristig und symptomatisch angegangen wird. Unter den «Drehtüreffekt» im Gesundheitswesen fallen mangelhaft angegangene Patientensituationen, die wiederholt und meist notfallmässig zu Spitaleintritten führen. Mit *bloody exit* (blutige Entlassung) bezeichnet man eine Spitalentlassung ohne völlige Heilung. Wird bei Patienten mit einem komplexen

Betreuungs- und Versorgungsbedarf über den Spitalaufenthalt hinaus wegen mangelnder Kommunikation bzw. Koordination unter den Leistungserbringern oder weil das Grundproblem nicht angegangen worden ist, die Anschlussbehandlung (in Rehabilitation, Privatwohnung, im Pflegheim,) nicht geklärt, führt dies zum «Drehtüreffekt» mit entsprechenden Folgekomplikationen und -kosten.

DRG. Diagnosis Related Groups. Ab 2012 gilt in der Schweiz flächendeckend nicht mehr die Abrechnung nach erbrachten Leistungen und Liegetagen der Patienten, sondern nach Diagnosegruppen. Es handelt sich um eine fallorientierte und pauschalierte Vergütung von Spitalleistungen (Fallpauschalen).

HMO-Arztpraxen. Aus dem HMO-Modell (HMO: Health Maintenance Organization) entstammt die Haltung, dass Krankheiten vorrangig nicht kurativ, sondern präventiv angegangen werden. Das Ziel ist Kostenersparnis. Ärzte erhalten pro Versicherte/Patient eine Kopfpauschale. Als Kollektiv übernehmen Ärztenetze einen Vertrag von den Krankenkassen und zugleich eine Budgetmitverantwortung in Form eines Bonus-Malus-Systems. Der Anreiz für die Versicherten/Patienten ist der Prämienrabatt. Im Gegenzug verpflichten sich die Patienten, bei Krankheiten immer ihren HMO-Arzt oder ihre -Praxis aufzusuchen, (ausgenommen sind u. a. Notfälle). Es gibt diverse HMO-Organisationsformen.

HWS-Opfer. HWS-Opfer sind Menschen, die nach einem Schleudertrauma unter Verletzungen am Nacken leiden. Es handelt sich um eine Distorsion oder Verdrehung der Wirbelsäule. Ursache ist meist ein Auffahrunfall.

Inkontinenz. Inkontinenz ist das Unvermögen, den Stuhl- oder Urinabgang zu steuern.

KVG. Obligatorische Krankenversicherung für die Kostenübernahme von Leistungen bei Folgen von Krankheit oder Unfall. Seit der Einführung des KVGs im Jahr 1996 muss jede EinwohnerIn grundversichert sein (Versicherungsobligatorium). Die Prämie ist für Frauen und Männer gleich hoch (diesbezüglich Einführung der Einheitsprämie). Die Leistungen aus dem KVG müssen wirksam, zweckmässig und wirtschaftlich sein. Diese Begriffe werden verschieden ausgelegt, was bis heute zum Schwarzpeterspiel zwischen Versicherern und Leistungserbringern führte.

KOF. Konjunkturforschungsstelle der ETH Zürich.

Leberzirrhose. Eine fortschreitende, chronische Lebererkrankung. Schlimmstenfalls kommt es zum völligen Versagen der Leberfunktion (*coma hepaticum*).

Patientenverfügung. Eine schriftliche Erklärung eines zum Zeitpunkt der Erklärung urteilsfähigen Menschen. Die Verfügung hält fest, was er im Falle der Urteilsunfähigkeit bei der Behandlung wünscht oder ablehnt. Das Verfassen einer Patientenverfügung verlangt eine persönliche Auseinandersetzung mit Krankheit, Unfall, Sterben und Tod. Durch die Konfrontation wird die Endlichkeit des eigenen Lebens bewusst wahrgenommen.

Philanthropen. Wohltäter. Sie glauben grundsätzlich an das Gute im Menschen und setzen Teile ihres Vermögens zu wohltätigen Zwecken ein.

Problemlösungsverfahren. Die Lösung eines Problems geschieht durch eine bestimmte Schrittfolge. Die Schritte lauten: ▪ das Problem erkennen und definieren. ▪ Entscheidungsfindung für eine Lösung mittels Suche, Entwicklung und Bewertung möglicher Lösungen ▪ Erstellen eines Massnahmenplans ▪ Umsetzen der Massnahmen ▪ laufende Beurteilung und Anpassung ▪ Schlussbeurteilung des Verfahrens

Pro Senectute. Organisation für Menschen im Alter, bietet Dienstleistungen und Beratungen an.

Rationalisieren. Steigerung der (wirtschaftlichen) Effizienz durch zweckmässigeres, vereinheitlichtes, strukturiertes Verfahren.

Rationierung. Mit Rationierung meine ich hier das Vorenthalten medizinischer Leistungen, weil nicht alles, was medizinisch machbar, gesellschaftlich auch finanzierbar und für die Betroffenen wirklich sinnvoll ist. Im Gegenzug ist nicht jede Einsparung unter dem Aspekt der Rationierung langfristig wirklich wirtschaftlich und sinnvoll.

Der Begriff «Rationierung» ist brisant und negativ belastet. Man unterscheidet zwischen der verdeckten oder impliziten und der geregelten oder expliziten Rationierung. Bei der impliziten Rationierung werden Entscheidungen ohne allgemeingültige Kriterien getroffen, in jeder Situation von Neuem. Die implizierte, informelle, ungerechte Rationierung ist juristisch schwierig zu beweisen.

Bei der expliziten Rationierung werden Entscheidungen nach geregelten und rationalen (vernünftigen) Kriterien auf administrativer Stufe getroffen. Die Kriterien sind nachvollziehbar und werden transparent kommuniziert.

Über Rationierung im CM wird gesellschaftlich nicht offen informiert oder gar diskutiert.

Verdeckte Rationierung meint beispielsweise, indem medizinisch sinnvolle Massnahmen stillschweigend unterlassen oder verschoben werden, also eine bestimmte Operation für einen Arbeitnehmer mit der Zusatzversicherung sofort angeordnet wird, nicht jedoch für den an derselben Erkrankung betroffenen Pensionierten ohne Zusatzversicherung (oder diese Betroffenen werden auf eine Warteliste gesetzt; es kommt vor, dass Einzelne in der wochenlangen Wartezeit sterben). Unter Fachleuten ist unstrittig, dass die Rationierungszwänge sich in Zukunft noch erheblich verschärfen werden (Pawlik, 2009: 30).

Schadenminderungspflicht. Die Schadenminderungspflicht ist ein allgemeiner Rechtsgrundsatz und hat zum Ziel, unnötige Kosten zu vermeiden. Das Bundesgesetz über die Invalidenversicherung vom 19. Juni 1959 (revidiert durch den Bundesrat 2005 und vom Volk als 5. IVG-Revision im Jahr 2007 angenommen), hält im Art. 7a, zumutbare Massnahmen, fest: «Als zumutbar gilt jede Massnahme, die der Eingliederung der versicherten Person dient, ausgenommen sind Massnahmen, die ihrem Gesundheitszustand nicht angemessen sind».

Zur Schadenminderungspflicht und Mitwirkungspflicht steht im Kreisschreiben der Invalidenversicherung: «Im Sinne der Schadenminderungspflicht (Selbsteingliederungspflicht) hat die versicherte Person aus eigenem Antrieb das ihr Zumutbare zur Verbesserung der Erwerbsfähigkeit bzw. der Fähigkeit, sich im Aufgabenbereich zu betätigen vorzukehren.» (...) «Die versicherte Person ist zur Auskunftserteilung und Mitwirkung verpflichtet, d.h. sie hat sich allen angeordneten zumutbaren Abklärungs- und Eingliederungsmassnahmen zu unterziehen und aktiv zum Erfolg der Eingliederung beizutragen ...». Bundesamt für Sozialversicherungen BSV, «Kreisschreiben über Invalidität und Hilflosigkeit in der Invalidenversicherung» (KSIH), 30–32.

Sozialversicherer. Darunter fallen in der Schweiz die Altershinterlassenenversicherung (AHV), die Arbeitslosenversicherung (ALV), die berufliche Vorsorge (BVG) die Ergänzungsleistungen (EL) und die Hilflosenentschädigung (HE) zur Invalidenrente und AHV, die Erwerbsersatzordnung (EO), die Invalidenversicherung (IV), die Militärversicherung (MV), die Schweizerische Unfallversicherungsanstalt (Suva) und die Krankenkassen.

Tarmed. Einheitlicher Einzelleistungstarif, den Ärztinnen in der Schweiz ihren Patienten in Rechnung stellen.

Versicherer und Versicherungen. Damit sind sowohl die privaten wie die öffentlichen Versicherer und die Krankenkassen gemeint. Die Kurzbezeichnung «Versicherer» sagt nichts darüber aus, ob der Anbieter privat oder öffentlich ist. Mit Versicherungen sind die Produkte gemeint. Die Begriffe Versicherer und Versicherungen werden gerne vermischt.

Literaturverzeichnis

Banger M. (2009). Der Case Management-Ansatz bei chronisch Suchtkranken, Vortrag vom 07. 03. 2009. http://cms.uk-koeln.de/live/cc-mc/content/e398/e556/banger.pdf [28.02.2011].

Baureithel U. (2009). Das rentable Spital. In: Die Wochenzeitung WOZ, 14.01.2009, 13.

Benthien C., Gutjahr O. (Hrsg.) (2008). Tabu, Interkulturalität und Gender. München: Wilhelm Fink.

Berchtold P. (2009). Traditionelle Grenzen überschreiten. In: Care Management (6), 7–8.

Boos S. (2010). Falsch gespart, Revision Invalidenversicherung. In: Die Wochenzeitung WOZ (26), 7. The Boston Consulting Group. (2010). Case Management und seine strategische Bedeutung für Versicherer. http://www.studerrechtsanwalt.ch/wp-content/uploads/2010/01/case-management-studie-bosten-consulting-group-jan-2010.pdf [31.1.2011].

Boston Consulting Group (2010). Case Management und seine strategische Bedeutung für Versicherer. http://koordination.ch/fileadmin/files/case-management/cm-studie.pdf [01.03.2011].

Brandenburg U. (2007). Ältere Mitarbeiter in Unternehmen: Herausforderungen für das Personalmanagement, Vortrag vom 11. Dezember 2007 in Hamburg, Volkswagen AG, Zentrales Gesundheitswesen.

Bundesamt für das Gesundheitswesen. (2009): Eine nationale Strategie von Bund und Kantonen für Palliative Care. Spectra, Ausgabe 78. Dezember 2009. Bern, S. 11. www.spectra.bag.admin.ch.

Bundesamt für Sozialversicherungen. (2008). Statistiken zur sozialen Sicherheit, Invalide RentnerInnen in der Schweiz im Januar 2008 nach Altersklasse und Invaliditätsgrad. PDF-Datei zum Herunterladen, Online-Auftritt des BSV.

Bundesamt für Statistik (2008): Spitex Statistik. Personal und Vollzeitstellen nach Ausbildung und durchschnittlicher Anstellungsgrad. http://www.bfs.admin.ch/bfs/portal/de/index/themen/14/03/03/data/07/03.Document.116584.xls [28.02.2011].

Bundesamt für Statistik Schweiz (2006). Bevölkerungswachstum und demografische Alterung: ein Blick in die Zukunft. Hypothesen und Ergebnisse der Bevölkerungsszenarien für die Schweiz 2005–2050. Neuchâtel: BFS, 7.

Bundesamt für Statistik Schweiz (2008). Krankenhausfälle, Patienten und Aufenthaltsdauer 2008. Medienmitteilung. http://www.bfs.admin.ch/bfs/portal/de/index/themen/14/04/01/key/inanspruchnahme.html [28.02.2011].

Bundesamt für Statistik Schweiz (2008a). Medizinische Statistik der Krankenhäuser. Anzahl Patienten nach Altersklassen und Anzahl Hospitalisierungen im Lauf des Jahres 2008. Statistisches Lexikon der Schweiz. http://www.bfs.admin.ch/bfs/portal/de/index/themen/14/04/01/key/inanspruchnahme.Document.99160.xls [28.02.2011].

Bundesamt für Statistik Schweiz (30. 11. 2009). Deutliche Steigerung der Spitalkosten im Jahr 2008, Medienmitteilung, 30. 11. 2009.

Bundesamt für Statistik Schweiz (2009). Kosten des Gesundheitswesens nach Leistungserbringern. Medienmitteilung. http://www.bfs.admin.ch/bfs/portal/de/index/themen/14/05/blank/key/leistungserbringer.html [28.02.2011].

Bundesamt für Statistik Schweiz. (2010). Sinkende Sterberaten bei Herzkreislaufkrankheiten. Todesursachen des Jahres 2008. Medienmitteilung, 07.09.2010.

Champion C. (2008). Eingliedern ist besser als ausschliessen. In: Soziale Sicherheit CHSS (6), 383–385.

Deutsches Institut für angewandte Pflegeforschung (Hrsg.) (2008). Überleitung und Case Management in der Pflege. Nachdruck der 1. Auflage 2004. Hannover: Schlütersche.

Egger M., Merckx V., Wüthrich A.. (2010). Evaluation des nationalen Projekts IZ-MAMAC. Bericht im Rahmen des mehrjährigen Forschungsprogramms zu Invalidität und Behinderung (FoP-IV). Forschungsbericht Nr. 9/10 des EDI/Eidgenössisches Departement des Inneren.

Eychmüller S., Schmid M., Müller M. (2009). Palliative Care in der Schweiz – Nationale Bestandesaufnahme 2008. Schlussbericht Oncosuisse – Schweizerische Vereinigung gegen Krebs. Krebsliga Schweiz: Stiftung Krebsforschung Schweiz.

Fachstelle Assistenz Schweiz (Fassis). Krankenversicherungsgesetz (KVG), bislang nicht eingereichte Vorstösse. Definition der Wirtschaftlichkeit. http//fassis.net/Archiv [01.03.2011].

Felber, M. Signalurteil zum Schleudertrauma – Kaum mehr IV-Renten. In: NZZ, 14.09.2010 (213), 13.

Gesundheitskosten klettern weiter in die Höhe. Schweizer Fernsehen, Tagesschau vom 19.05.2010.

Gruss W. (1987). Versicherungswirtschaft, Leitfäden für das Versicherungswesen, 6. unveränderte Auflage. Zürich: Verlag des Schweizerischen Kaufmännischen Verbandes.

Hartmann R. (2009). Case Management in der beruflichen Eingliederung, viele Beteiligte und wenig Kooperation? Vortrag 7. Schweizerische Case Management-Tagung in Küsnacht am 16.09.2009.

Helsana (2010): Pflege in der Schweiz. In: Senso. Mitgliederzeitung der Helsana (11) 4, S. 14.

Jaccard Ruedin H., Weaver F., Roth M., Widmer M. (2009). Gesundheitspersonal in der Schweiz – Bestandesaufnahme und Perspektiven bis 2020. In: obsan fact sheet 2009, 1–5.

Jaccard Ruedin H., Weaver F. (2009). Ageing Workforce in an Ageing Society. Wieviele Health Professionals braucht das Schweizer Gesundheitssystem bis 2030? In: Obsan/Schweizerisches Gesundheitsobservatorium.

Keller M. (2010). Koordination Schweiz. Triage aus ökonomischer Sicht (CM-Triage-Tool) http://www.koordination.ch/de/koordination-schweiz/case-management/cm-triage-tool/ (Stand: 19.12.2010)

Kuert Killer M. (2010). Arbeitsplätze fallen nicht vom Himmel. Revision der Invalidenversicherung. In: NZZ, 18.10.2010 (242), 17.

Mingels G., Flammer D. (2007). Wir Abzocker. In: Das Magazin (41),16.

Minor L. (2009). Fallmanagerin: Bonus erhält, wer viel Geld spart. In: Tagesanzeiger Zürich, 04.03.2009.

Netzwerk Case Management Schweiz (2006): Definition Case Management. Standards Case Management Schweiz. http://www.netzwerk-cm.ch/fileadmin/user_upload/pdf/Mitglieder/Definition_und_Standards_30_03_2006.pdf [28.02.2011].

Obsan/Schweizerisches Gesundheitsobservatorium (2008): Die Kosten der Langzeitpflege werden sich bis 2030 in der Schweiz mehr als verdoppeln. Medienmitteilung, 22.04.2008.

Obsan/Schweizerisches Gesundheitsobservatorium (2008). Wiedereintritte von Psychiatrie-Patientinnen und -Patienten deutlich gestiegen. Medienmitteilung, 14.11.2008.

Obsan/Schweizerisches Gesundheitsobservatorium (2010): Psychiatrische Diagnosen und Psychopharmaka in Arztpraxen der Schweiz. In: Obsan Bulletin 1/2010.

Parmelin G. (2007). Schleudertrauma. Eine «Epidemie» der Deutschschweiz? Interpellation 07.3475 vom 21.06.2007, eingereicht im Nationalrat des Schweizer Parlament.

Pawlik M. (2009). Die letzten dreissig Tage sind die teuersten. In: Frankfurter Allgemeine Zeitung 16.12.2009 (209), 30. Warum Gesundheit immer teurer wird. Dossier Radio SR DRS, 25.03.2010. http://www.drs.ch/www/de/drs/nachrichten/schweiz/stetig-steigende-kosten-im-gesundheitswesen/122511.122765.warum-gesundheit-immer-teurer-wird.html [28.02.2011].

Rossier Y. (2009). Die finanzielle Schieflage der IV wieder ins Lot bringen. In: Soziale Sicherheit CHSS. Bern: BSV/ Bundesamt für Sozialversicherungen.

Rowlands M. (2010): Der Philosoph und der Wolf. Was ein wildes Tier uns lehrt. München: Pieper.

Santésuisse (2009). Die Schweizer Krankenversicherer: Versorgungslücke beim Gesundheitspersonal. Risikofaktoren und Rezepte. In: Santesuisse info (9), 16.

Santésuisse (2010): Handbuch 2010 der Schweizer Krankenversicherung. 94. Jahrgang. Solothurn: Santésuisse.

Schaer R. (2007). Modernes Versicherungsrecht. Das Privatversicherungsrecht und seine Schnittstellen zum Sozialversicherungs- und Haftpflichtrecht. In: Stämpflis juristische Lehrbücher. Bern: Stämpfli.

Schwank A. (2009). Invalidenversicherung und Behinderte unter Druck. In: Widerspruch (65), 38.

Schwartz H. (1956). Samuel Gridley Howe, Social Reformer 1801–1876. Harvard Historical Studies. Cambridge: Harvard University Press.

Schweizerische Akademie der Medizinischen Wissenschaften (2008). Rechtliche Grundlagen im medizinischen Alltag. Ein Leitfaden für die Praxis. Basel: Schweizerische Akademie der Medizinischen Wissenschaften.

Schweizerische Alzheimervereinigung (2008): 102 000 Menschen mit Demenz in der Schweiz. Yverdon-les-Bains, 1–4. http://www.alz.ch/d/pdf/schweiz_2008_d.pdf [28.02.2011].

Schweizerische Alzheimervereinigung (2009a): Priorität Demenz. Handeln wir noch heute! Yverdon-les-Bains, S. 1–4. http://www.alz.ch/20jahre/data/data_11.pdf [28.02.2011].

Schweizerische Fachstelle für Alkohol und andere Drogenprobleme (2007). Zentrale Daten und Erkenntnisse zum Alkoholkonsum in der Schweiz. Wie viele Menschen in der Schweiz sind alkoholabhängig, wie viele mit betroffen? www.sfa-ispa.ch.

Schweizerische Fachstelle für Alkohol und andere Drogenprobleme (2009). Alkohol, Folgen des Alkoholkonsums, durch Alkohol verursachte Todesfälle (PDF). www.sfa-ispa.ch.

Seematter-Bagnoud L., Paccaud F., Robine J.-M. (2009). Die Zukunft der Langlebigkeit in der Schweiz. Statistik Schweiz. Neuchâtel: Bundesamt für Statistik. http://www.bfs.admin.ch/bfs/portal/de/index/news/publikationen.Document.119755.pdf

Sozialversicherungsstatistik 2009, Demographie. In: Soziale Sicherheit CHSS (3), 190–191.

Stahel C, Wessalowski P. (2010). 762 Millionen Franken Prämienausstände. In: Sonntagszeitung online, 25.07.2010.

Staubli R. (2010): Versicherungspraxis begrüssen die neue IV-Praxis. In: Tages Anzeiger online, 14.09.2010.

Tischhauser P. (2010). Wie sich grosse Erfolge verbuchen lassen: Case Management. In: Schweizer Versicherung (1), 10–12.

Trautmann P. (2005). Interessengemeinschaft Disease Management IGDM. In: Schweizerische Ärztezeitung (16) 86, 947–948.

Unabhängige Beschwerdestelle für das Alter Schweiz (o. J.): Misshandlung alter Menschen – eine Realität, schauen und hören Sie nicht weg – reden Sie darüber. PDF.

Weber-Halter E. (2010): Gesamtkosten senken und Chancengleichheit optimieren. Case Management ohne Triage: ein Beitrag aus der Praxis. In: SozialAktuell (10), 34–36.

Wendt W., Löcherbach P. (Hrsg.) (2006). Case Management in der Entwicklung. Stand und Perspektiven in der Praxis. Heidelberg: Economica.

Adressenverzeichnis

Deutschland: Deutsche Gesellschaft für Care und Case Management e. V. (DGCC) www.dgcc.de

Österreich: Österreichische Gesellschaft für Care und Case Management e. V. (ÖGCC) www.oegcc.at

Schweiz: Netzwerk Case Management Schweiz www.netzwerk-cm.ch

USA: Case Management Society of America (CMSA) www.cmsa.org

Eingliederung in den Arbeitsmarkt

IIZ: Bei IIZ geht es um die Zusammenarbeit zwischen den drei Institutionen der Invaliden-, Arbeitslosenversicherung und der Sozialhilfe: www.iiz.ch

IIZ-plus erweitert die Zusammenarbeit auf die Bereiche der Krankentaggeldversicherung, der Unfallversicherung und der zweiten Säule: www.iiz-plus.ch

Einzigartiges CM-Angebot im Kanton Solothurn, wo IIZ seit dem 5. Juni 2005 gesetzlich verankert ist. Aussergewöhnlich ist die Offenlegung der Kriterien für die Zugangssteuerung im Internet: www.cm-stelle.ch

Initiative Job-Passerelle: www.bsv.admin.ch

Eingliederungsprojekt Job-Passerelle: www.job-passerelle.ch

Ethische Richtlinien in der Medizin: Die ZEK, Zentrale Ethikkommission, diskutiert ethische Probleme der Medizin und formuliert medizinisch-ethische Richtlinien: www.samw.ch

Drogenforum Schweiz
Drogen Forum Innerschweiz, Institution für Suchtkranke, Seidenhofstr. 10, 6003 Luzern.

Die Autorin

Edith Weber-Halter lebt in Bern. Sie ist ausgebildete Krankenschwester (heute: Pflegefachfrau), Gesundheitsschwester und bildete sich zur Case Managerin FH weiter. Ab 1978 arbeitete sie in Spitälern, Heimen, in der Gemeindekrankenpflege, auf kantonaler Ebene in der Gesundheitsdirektion und im Schweizer Berufsverband für Pflegefachfrauen und -männer. 1999 gründete sie die «Fachstelle Prävention und Gesundheitsberatung» (heute: «Fachstelle Prävention und Chancen-Management»), eine bis heute in der Schweiz einzigartige, private und von jeglicher politischen oder wirtschaftlichen Lobby unabhängigen Schaltstelle. Diese bezweckt, CM für alle drei Ebenen ganzheitlich und langfristig umzusetzen und fördert angepasste Handlungskonzepte zwischen allen Beteiligten im Case Management. Von Anfang an bis heute leitete Edith Weber-Halter die Fachstelle nach strengen ethischen Grundsätzen. Die Autorin arbeitet heute als freiberufliche Case Managerin, ist nebenbei Dozentin für Case Management an der Berner Fachhochschule Fachbereich Gesundheit und an der Fachhochschule Weiterbildungszentrum Gesundheit in St. Gallen in der Schweiz und Mitglied der Arbeitsgruppe «Ethik im Case Management» des Netzwerk Case Management Schweiz.

Kontakt
E-Mail: info@chancen-management.ch
Internet: www.chancen-management.ch

Sachwortverzeichnis